Alexander von der Groeben
Simone Mennemeier

Verlag Dieter Born

Sumō-Halle (Kokugikan) im Tōkyōter Stadtteil Ryōgoku.

Der Verlag möchte sich an dieser Stelle für die freundliche Unterstützung durch den Japanischen Sumō-Verband *(Nihon Sumō Kyōkai)* bedanken, der Gespräche und Recherchen vor Ort ermöglichte und wertvolles Fotomaterial zur Verfügung stellte. Besonderer Dank gilt darüber hinaus auch dem Tōkyōter Sportverlag *Baseball Magazine Sha Co., Ltd.*, der ebenfalls zahlreiche Fotos zur Verfügung stellte.

Abbildungsnachweis:

Angabe nach Seitenzahlen. Bei mehr als einem Bild pro Seite: Anzahl in Klammern. Anordnung im Layout: o. = oben; u.= unten; l. = links; r. = rechts; M. = Mitte; Sp. = Spalte; B. = Bild(-Nr.); B.-Nr. = Bild-Nummer; kl. = klein; gr. = groß; F. = Foto;

Zeichnungen:

Yoshie Abe (Ōmiya, Japan): 45 (9); 49 (6); 50 (21); 100 (2); 106 (2); 108 (4); 110 (8); 114 (2); 118; 120
Ian Borthwick (Westlinton, Schottland): 67 (12); 68 (20); 69 (22); 70 (16)

Fotos:

Japanischer Sumo Verband, *Nihon Sumō Kyōkai* (Tōkyō, Japan): 1; 2-3; 11; 12; 14; 15; 16-17; 18; 21; 22 (3); 23 (2); 24; 42 (2); 43 (3) kl. F. o.; 45 (2); 46 (5); 47 (3); 48; 49; 51 (3) Sp. 1 B. 1-3; 51 (2) Sp. 2 B. 1+3; 52 (2); 53 M. l.; 53 u. l.; 53 u. r.; 54; 55 o. l.; 55 M. l.; 55 u. r.; 56; 57 (2); 58 (2); 59; ; 73 (2) B.-Nr. 5+6,; 78 (4); 79 (2); 80 (3) Sp. 1 B. 1-3; 80 (2) Sp. 2 B. 2+3; 81; 87 (2); 95 (3) u.; 97 (2); 99 (10); 102; 104; 105; 107 (4); 109; 111 (3); 114; 119 l.; 130 (2); 131 o. l.; 131 u. M.; Titelbild; Rückseite Schutzumschlag
Baseball Magazine Sha Co., Ltd. (Tōkyō, Japan): 4; 8; 13; 19; 20; 26 (2); 27 (2); 29 (2); 30 (2); 31; 34; 35 o. l.; 35 M.; 35 u. r.; 36; 37; 38; 39 (4); 41; 43 gr. F.; 44 (4); 50 (3); 51 r. M.; 53 o. l.; 53 o. r.; 55 o. r.; 62 (2); 73 (6) B.-Nr. 1, 2, 3, 4, 7, 8; 74 (2); 75 (2); 77 (6); 80 o. r.; 83; 85 (2); 86 (2); 88-89 (7); 90 (2); 91 u. r.; 92 (2); 93 (3); 94; 95 o. l.; 101; 113 (4); 115 (2); 117 (2); 119 r.; 121 (3); 122 (2); 129 (2)
Sumo-Verband Deutschland e. V. (Riesa): 123; 124; 125; 127
Seikō Printing Co., Ltd. (Tōkyō, Japan): 63; 64 (2); 65 (2)
Dieter Born (Bonn): 35 (3) Sp. 1 B. 2-4; 35 (2) Sp. 2 o.+u.; 35 (4) Sp. 3 B. 1-4; 91 (3) Sp. 1 B. 1-3; 131 (8) alle, außer o. l. und u. M.; 132 (2); 133; 135

2. Auflage, August 2000

© Copyright 2000 by Verlag Dieter Born, Bonn

Alle Rechte der Verbreitung, auch durch Film, Funk und Fernsehen, fotomechanische Wiedergabe, Tonträger jeder Art, auszugsweisen Nachdruck oder Einspeicherung und Rückgewinnung in Datenverarbeitungsanlagen aller Art, Verwendung auf optischen Medien (CD, Multimedia) oder im Internet, sowie Übersetzung in andere Sprachen sind vorbehalten.

Umschlaggestaltung: Simone Mennemeier, Mannheim
Satz und Layout: Simone Mennemeier, Mannheim
Farb-Repro: Verlag Dieter Born, Bonn
Druck und Weiterverarbeitung: Druckerei Plump OHG, Rheinbreitbach
Printed in Germany
ISBN 3-922006-16-7

Inhalt

Vorwort   7

Einleitung   9

1. Geschichte   11

Der Japanische Sumō-Verband – 12; Die Vorzeit – 13; Sumō am Kaiserhof – 14; Entstehung des Profi-Sumō – 18; Die ersten Helden – 18; Die Öffnung Japans – 20; Der Beginn des 20. Jahrhunderts – 23; Die 50er Jahre – 26; Die 60er Jahre – 27; Die 70er Jahre – 28; Die 80er Jahre – 30; Die 90er Jahre – 32; Konishiki – eine gewichtige Legende – 33

2. Der Kampf   41

Symbole und Zeremonien – 42; Kampfkleidung der Rikishi – 45; Das Dohyō als Kampfarena – 48; Dohyō-iri – Der zeremonielle Ringeinmarsch – 49; Shikiri – Das Vorwettkampfzeremoniell – 51; Niramiai – Der Psycho-Showdown – 54; Der Tachiai – 56; Kenshō-kin – Preisgelder – 58; Die Sumō-Hierarchie – 60; Die Kampfpaarungen – 62; Herstellung der Rangliste – 64; Die Kampfregeln – 65; Kimarite – Die 70 Siegestechniken – 67; Verlorene Kämpfe – 76; Yumitori-shiki – Der Bogentanz – 78; Senshūraku – Der letzte Turniertag – 79

3. Leben im Sumō-Stall   83

Ausbildung zum Sumōtori – 85; Alltag im Heya – 86; Training – 88; Ernährung – 90; Bezahlung – 92; Shikona – Ringnamen – 94; Danpatsu-shiki – Die Rücktrittszeremonie – 94; Das Leben danach – 95

INHALT

目次

4. Urakata – Menschen im Hintergrund   97

Die Schiedsrichter *(gyōji)* – 98; Die Aussenrichter *(shinpan)* – 103; Die Ausrufer *(yobidashi)* – 104; Die Sumō-Friseure *(tokoyama)* – 109

5. Die Stars der Sumō-Welt   113

Die Brüder Takanohana und Wakanohana – 114; Akebono – der erste Ausländer auf dem Yokozuna-Thron – 118; Musashimaru – der vierte im Yokozuna-Rang – 120

6. Sumō international   123

7. Reise-Informationen und Adressen   129

Turnierbesuche – 130; Turnierkalender/Adressen – 130; Eintrittspreise – 132; Besuch in einem Heya – 133; Stall-Adressen – 134; Chanko-Nabe-Restaurants – 135; Namensregister und Rangverteilung in der Makuuchi – 136; Porträts der Makuuchi-Rikishi – 137; Statistiken – 139; Yokozuna der Sumō-Geschichte – 140

8. Glossar   142

VORWORT

Es gibt zahlreiche Vorurteile gegenüber Japan, dem westliche Medien nur allzu gern ein exotisches Image verleihen. Inwiefern viele Dinge des alltäglichen Lebens mit uralten Traditionen verbunden sind, bleibt dem westlichen Beobachter oftmals verborgen. So auch im Sumō: Angesichts des enormen Popularitätszuwachses dieser japanischen Sportart weltweit greifen viele westliche Medien verstärkt das Thema auf mit dem Ergebnis, dass wichtige Aspekte verfälscht bzw. missverständlich dargestellt werden.

Wir möchten deshalb mit dem vorliegenden Buch dazu beitragen, die Hintergründe sowie die Bedeutung von Ritualen und Traditionen im Sumō-Sport zu beleuchten und auf möglichst unterhaltsame Weise nahe zu bringen.

Die Idee dazu kam uns durch die vielen Zuschriften, die sowohl Alexander als Kommentator der japanischen Sumōturnier-Übertragungen beim Fernsehsender »Eurosport« regelmäßig bekommt, als auch Simone, die seit vielen Jahren als Redakteurin bei der Monatszeitschrift »Japan-Magazin« arbeitet und dort u.a. den Bereich Sumō betreut. Es gibt offensichtlich viele Sumō-Interessierte, die gerne mehr über diesen für uns so fremdartig wirkenden Sport wissen möchten, und so kam uns der Gedanke an ein Buch, das es in dieser Form bisher noch nicht in deutscher Sprache gibt.

Unser Interesse am Sumō-Sport entdeckten wir auf unterschiedliche Art und Weise: Alexander durch seine Jūdō-Sport-Karriere und damit verbundene Trainingsaufenthalte in Japan und Simone durch ihr Japanisch-Studium u.a. in Yokohama und die journalistische Tätigkeit im Japan-Bereich, die sie zahlreiche Male zu Recherchearbeiten nach Japan führte.

Dass dieses Buch letztendlich zustande kam, verdanken wir allen Beteiligten, die uns so hilfreich unterstützt haben. Unser Dank geht vor allem an die Funktionäre und Mitarbeiter des Japanischen Sumō-Verbandes (Nihon Sumō-Kyōkai) sowie den japanischen Sportverlag Baseball Magazine Sha, die uns mit der Bereitstellung des Fotomaterials sehr unterstützt haben. Ganz besonders bedanken möchten wir uns auch bei den Oyakata, die uns Besuche in ihren Heya gestatteten und uns damit interessante Einblicke in den Trainingsalltag der Sumōtori ermöglichten.

Darüber hinaus ein großes Dankeschön an Dieter Born, der uns bei allen Verhandlungen mit seinen hervorragenden Japanischkenntnissen geholfen hat, uns Kontakte vermittelt und letztendlich zur Realisierung unseres Vorhabens beigetragen hat. Auch Hisao Ushiyama gilt unserer besonderer Dank, der als Ansprechpartner und Vermittler in Tōkyō mehr als hilfreich war.

Zum Schluss danken wir natürlich ganz besonders unseren Partnern Ulrike und Andreas, die uns trotz enormen Zeitdrucks und der mitunter etwas stressigen Zeit tatkräftig unterstützt und motiviert haben.

Unseren Lesern wünschen wir ebenso viel Spaß beim Lesen, wie wir ihn beim Verfassen des Buches hatten. Denn Sumō ist mehr als nur Sport, Sumō ist lebende Legende!

Alexander von der Groeben
Simone Mennemeier

Bonn, im Januar 2000

Alexander von der Groeben (Jhg. 1955) war bis 1991 Mitglied der Jūdō-Nationalmannschaft, wurde zweimal Europameister, zweimal Vize-Europameister sowie Bronzemedaillengewinner bei den Weltmeisterschaften. Darüber hinaus ist er 19-facher Deutscher Meister und nahm 1984 und 1988 an den Olympischen Spielen teil. Während zahlreicher Jūdō-Trainingslager in Japan fand er zum Sumō-Sport. Seit 1995 ist er als Sumō-Kommentator bei EUROSPORT tätig, wo alle sechs großen Turniere des Jahres übertragen werden.

Simone Mennemeier (Jhg.1969) studierte Japanisch in Bonn und Yokohama. Sie ist Diplom-Übersetzerin für Japanisch und Indonesisch und arbeitet derzeit als freie Journalistin, unter anderem für die Monatszeitschrift JAPAN-MAGAZIN, wo sie regelmäßig die Sumō-Seiten betreut. In ihren Artikeln über Japan befasst sie sich vorwiegend mit kulturellen Themen; ihr besonderes Interesse gilt dem traditionellen japanischen Kunsthandwerk. Bereits seit 1992 beschäftigt sie sich näher mit dem Sumō-Sport.

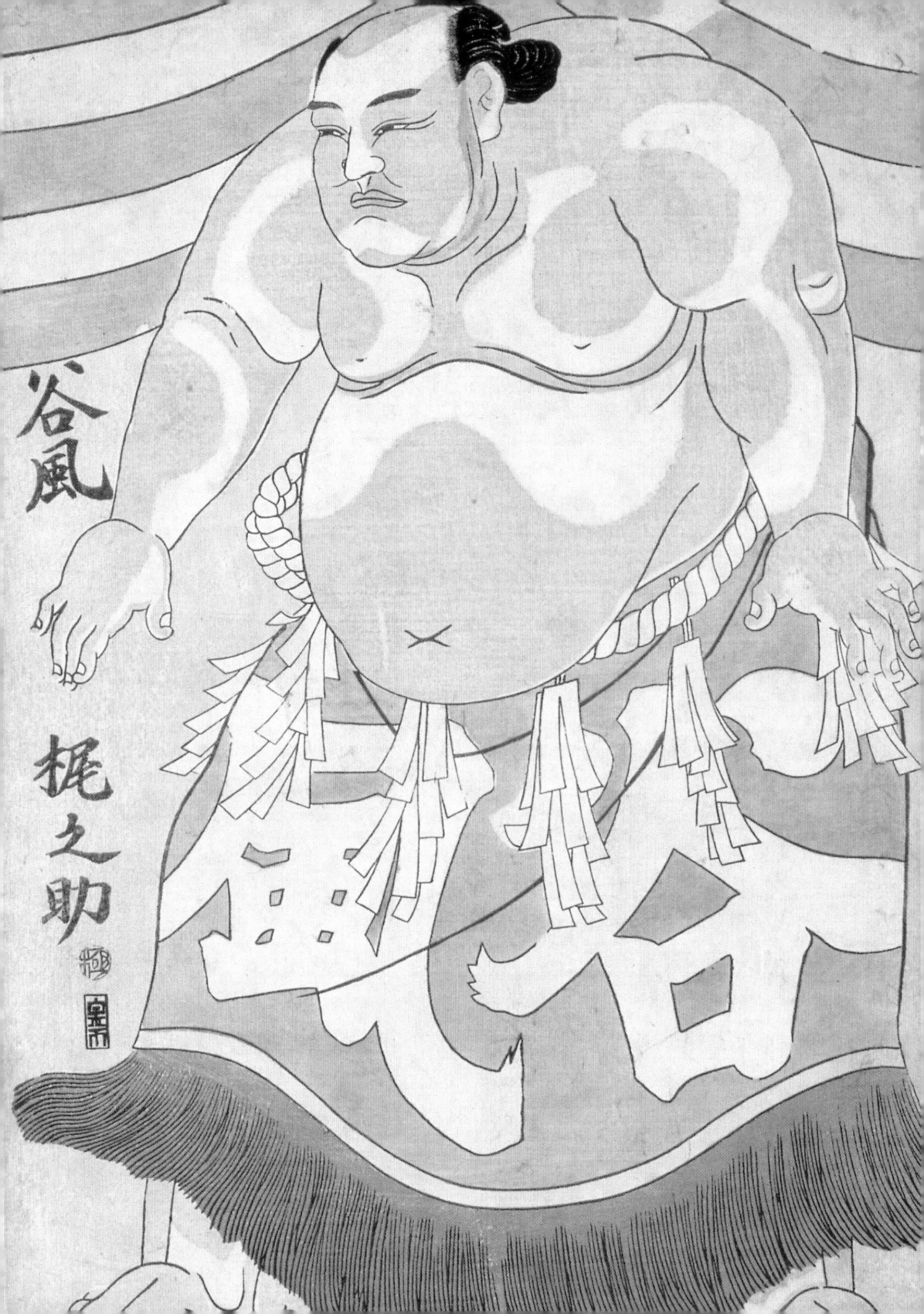

Einleitung

Die Geschichte des Sumō, des traditionellen japanischen Ringkampfes, ist bereits über 1200 Jahre alt. Genau datieren lassen sich die Anfänge des Sumō-Sports nicht. Da jedoch bereits in Japans ältester Chronik, dem *Kojiki* (verfasst 712), von Ringkämpfen der Götter die Rede ist, und in dem späteren Geschichtswerk, dem *Nihongi* (720), sogar von Sumō-Turnieren berichtet wird, kann man davon ausgehen, dass Sumō zu den ältesten Sportarten der Welt gehört.

Über seine Ursprünge existieren viele Legenden, die Sumō als Sportart der Götter beschreiben. Quellennachweise deuten darauf hin, dass Vorläufer des Sports ursprünglich vom asiatischen Festland, wahrscheinlich aus China oder Korea, nach Japan kamen. Alte Kampfsportkünste und Formen des Ringkampfes, die dem Sumō ähnlich sind, haben sich überall auf der Welt herausgebildet. Die Traditionen und Rituale des heutigen Profi-Sumō sind jedoch japanischen Ursprungs und spiegeln sehr genau Japans Kultur während der Edo-Zeit (1603-1868) wieder. Die starke Verschmelzung von Religion und Sport ist bis heute erhalten geblieben und macht das Sumō mit seinen aus dem Shintōismus stammenden Ritualen einzigartig.

Der Tōkyōter Stadtteil Ryōgoku gilt seit dem 18. Jahrhundert als das Zentrum des Sumō und ist es bis heute geblieben. Hier befindet sich die große Sumō-Halle (Kokugikan), in der jedes zweite Turnier stattfindet.

Sumō galt früher als großes Spektakel zum Amüsement der Reichen und Mächtigen, ähnlich wie das traditionelle japanische Theater, das Kabuki. Obwohl seit dem frühen 18. Jahrhundert regelmäßig offizielle professionelle Turniere stattfanden, entwickelte sich Sumō erst allmählich zu dem Berufssport, den man heute kennt. Es ist nach wie vor ein äußerst populärer Sport in Japan. Bei jedem Turnier ist die Halle bis auf den letzten Platz gefüllt. Das ist erstaunlich, wenn man bedenkt, dass sich diese Sportart über Jahrhunderte nicht verändert hat. Die Zuschauer bekommen heutzutage das gleiche Spektakel zu sehen wie vor mehr als 350 Jahren, als zum ersten Mal ein öffentliches Sumō-Turnier veranstaltet wurde.

Warum westliche Zuschauer erst soviel später Interesse am Sumō-Sport entwickelten, bleibt offen. Die ersten Ausländer, die einen Sumō-Kampf zu Gesicht bekamen, waren wohl Begleiter des Amerikaners Kommodore Perry während der Handelsvertragsunterzeichnung im Jahre 1854. Geschichtlichen Quellen zufolge fanden sie jedoch wenig Gefallen an der für sie eher ungewöhnlichen Sportart. Zeitzeugen berichten despektierlich von einem als anstößig empfundenen Kampf zwischen Elefanten-Menschen. Deren Anblick sei widerwärtig, denn sie gingen wie Tiere ohne jegliche menschliche Züge aufeinander los.

Dabei ist Sumō mehr als ein Sport. Eingebunden in zahlreiche Rituale shintōistischen Ursprungs ist Sumō lebende Legende. Ein Wettkampf der Kräfte, der dem Sportler neben körperlicher auch mentale Stärke abverlangt sowie gute Taktik und Techniken voraussetzt und ein hohes Maß an Schnelligkeit, Gleichgewichtsvermögen sowie Konzentrationsfähigkeit. Auch das hohe Kör-

r 1789 zum
kozuna ernannte
nikaze Kajinosuke
f einem Farbholzschnitt
n Katsugawa Shun'ei.

EINLEITUNG

導
入

pergewicht spielt eine wichtige Rolle, da es letztendlich zum Erfolg des Sumōtori beiträgt. Was allerdings nicht bedeutet, dass Kämpfe zwischen ungleich schweren Rikishi den Ausgang vorhersehbar machen. Leichtere Sumōtori bringen gewichtige Gegner oftmals durch ihre Flinkheit, Beweglichkeit und Geschicklichkeit zu Fall, was einen Sumō-Kampf auf besondere Art spannend macht.

Popularität gewann der Sumō-Sport im 20. Jahrhundert durch die Entwicklung von Radio und Fernsehen, aber vor allem durch die Erfolgskarriere des Hawaiianers Takamiyama als erstem Ausländer in dieser traditionell japanischen Sportart. Ihm folgten später seine Landsleute Konishiki, Akebono und Musashimaru. Akebono gelang es 1993 als erstem Ausländer, in den höchsten Rang (Yokozuna) befördert zu werden. Im Juli 1999 trat Musashimaru als zweiter Nicht-Japaner in Akebonos Fußstapfen.

Im Vergleich zu den simplen Regeln beim Sumō und zu der Kürze des eigentlichen Kampfes – die meisten Begegnungen dauern nur wenige Sekunden – ist der Ablauf der einzelnen Rituale ziemlich aufwendig. Das zeigt, wie wichtig diese für den Sumōtori und für den Ausgang des Kampfes sind. Eigentlich macht das Zusammenspiel von dynamischem Kampf und statisch wirkenden Ritualen erst den Reiz dieser traditionellen Sportart aus. Das wiederholte Salzwerfen, Aufstampfen und Anvisieren des Gegners steigert nicht nur die Spannung bei den Zuschauern. Der Sumōtori stärkt sich damit auch psychologisch für den Kampf und versucht zusätzlich, seinen Gegner im Vorfeld einzuschüchtern und zu verunsichern.

Das vorliegende Buch soll dazu beitragen, den Hintergrund sowie die Bedeutung von Ritualen und Traditionen im Sumō verständlich zu machen. Nicht nur eingeschworene Sumō-Fans sollen auf ihre Kosten kommen, auch Sumō-Anfänger lernen diese urjapanische Sportart verstehen. Das Buch gliedert sich in sechs Themenschwerpunkte. Ausgehend von einer allgemeinen Einführung in die Geschichte des Sumō und der Vorstellung des Japanischen Sumō-Verbandes (Nihon Sumō-Kyōkai) erläutert es die wichtigsten Regeln, Techniken und Rituale. Anschließend erhält der Leser Einblick in das Alltagsleben eines Sumōtori, das Leben im Sumō-Stall (heya), das Training, die Ernährung und das Leben nach der Karriere. Dem folgt eine Vorstellung der Berufsgruppen im Sumō-Sport. Dazu gehören beispielsweise die Schiedsrichter (gyōji), die Ausrufer (yobidashi) und die Friseure (tokoyama). Porträts bekannter Sumōtori sowie ein Überblick über die Amateurszene, speziell in Deutschland, runden das Buch ab. Tabellen, Adressen und ein ausführlicher Glossar liefern zusätzliche Informationen.

Da es mitunter schwierig ist, die für Sumō spezifische Fachterminologie ins Deutsche zu transferieren, haben wir einige japanische Termini beibehalten. So beispielsweise die Begriffe »Rikishi« und »Sumōtori«, deren Übersetzung mit »Sumō-Kämpfer« bzw. »Sumō-Ringer« uns nicht treffend genug erschien. Japanische Namen werden traditionell mit dem Nachnamen zuerst angegeben.

Im Mittelpunkt unseres Vorhabens steht der Versuch, möglichst facettenreich viele verschiedene Aspekte dieses hochinteressanten, mythischen Sports aufzuzeigen und dem Leser die dahinter verborgenen Geheimnisse näherzubringen. Das ist uns hoffentlich mit diesem Buch gelungen.

GESCHICHTE

歴史

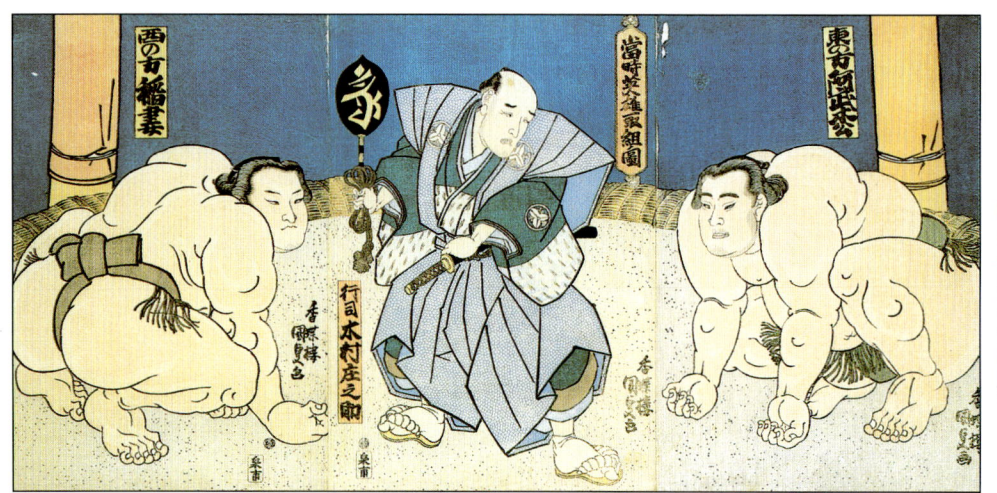

Dieser Farbholzschnitt *(ukiyo-e)* von Utagawa Kunisada zeigt einen Kampf zwischen Onomatsu Midorinosuke und Inazuma Raigorō. Onomatsu wurde 1828 zum sechsten und Inazuma zwei Jahre später, im Jahre 1830, zum siebten Yokozuna ernannt.

Die Geschichte des Sumō, des traditionellen japanischen Ringkampfes, ist bereits über 1200 Jahre alt. Die Hochburgen dieses urjapanischen Sports waren Ōsaka und Tōkyō, wo schon in der Edo-Zeit (1603-1867) ehemalige Rikishi erste Sumō-Verbände gründeten. Diese vereinigten sich später zu dem heute bekannten Japanischen Sumō-Verband *(Nihon Sumō Kyōkai)*, der seinen Sitz in Tōkyō hat und die gesamte Sumō-Welt verwaltet.

Der Japanische Sumō-Verband (Nihon Sumō Kyōkai)

Man unterscheidet in Japan streng zwischen Amateur-Sumō und dem von der Sumō-Kyōkai organisierten Profi-Sumō *(Ōzumō)*, das im vorliegenden Buch beschrieben wird.

Schon früh gab es in Japan verschiedene, voneinander unabhängige lokale Sumō-Vereinigungen. Der heutige japanische Sumō-Verband *(Nihon Sumō Kyōkai)* entstand im Jahre 1926 durch den Zusammenschluss der beiden damaligen Sumō-Verbände in Ōsaka und Tōkyō. Er gilt als nicht-gewinnorientierte Vereinigung und untersteht der Aufsicht des japanischen Bildungsministeriums. Seine Aufgabe besteht in der Ausbildung junger Rikishi und der Förderung des Sumō als Nationalsport.

Der japanische Sumō-Verband hat etwa 1.200 Mitglieder, von denen der größte Teil – etwa 800 Mitglieder – ehemals aktive Sumōtori sind. Ihren Sitz hat die Sumō Kyōkai in den Gebäuden der großen Sumō-Halle *(Kokugikan)* im Tōkyōter Stadtteil Ryōgoku. Als Ausrichter der sechs jährlichen Sumō-Turniere *(hon-basho)* organisiert der Verband die gesamte Profi-Sumō-Welt. An seiner Spitze stehen ein Präsident und einige Direktoren, die alle zwei Jahre neu gewählt werden. Der Präsident selbst ist meist ein ehemaliger Yokozuna.

Unter den Mitgliedern befinden sich außerdem 105 sogenannte *Oyakata* (Älteste), ebenfalls ehemalige Berufskämpfer. Die meisten leiten als Angestellte der Sumō Kyōkai selbst einen Trainingsstall *(heya)*. Dort sind sie zuständig für die Organisation des Tagesgeschäftes. Dazu gehören die Verteilung und Verwaltung von Einnahmen der Turniere, von denen u.a. die Sumōtori bezahlt werden, die Zusammenstellung der neuen Ranglisten *(banzuke)* für jedes Turnier, die Lehrtätigkeit in der verbandseigenen Sumō-Schule, teilweise auch die

GESCHICHTE

Organisation der regionalen Schaukampftourneen zwischen den Turnieren und die Wahl der Außenrichter *(shinpan)* für jeweils sechs Turniere.

Außer den *Sekitori* (*Rikishi* der bezahlten Ränge, d.h. Jūryō und alle Maku-uchi-Ränge) werden auch die Schiedsrichter *(gyōji)*, Außenrichter *(shinpan)* und Ausrufer *(yobidashi)* von der Sumō Kyōkai bezahlt. Die Grundgehälter werden jährlich neu festgelegt. Schließlich vergibt der Sumō-Verband auch die Lizenz zur Eröffnung neuer Heya und ernennt die neuen Ōzeki oder Yokozuna. Nach außen hin obliegen dem Verband sämtliche Bild- und Fernsehrechte und die Vermarktung des Sumō im allgemeinen.

Sumō-Geschichte – Die Vorzeit

Der erste Sumō-Kampf soll vor 2.500 Jahren stattgefunden haben. So steht es jedenfalls im Kojiki geschrieben, der ältesten Chronik Japans, die im Jahre 712

Unryū Hisakichi (1823-1891), der im Jahre 1861 zum zehnten Yokozuna ernannt wurde. Er stammte aus Fukuoka und gehörte seinerzeit dem Oitsukaze-Stall an. Bei einer Größe von 197 Metern wog er 135 Kilogramm.

GESCHICHTE

verfasst wurde. In diesem Kampf sollen sich die Götter Takeminakata no Kami und Takemikazuchi no Kami um die Herrschaft über die japanischen Inseln gestritten haben. Takemikazuchi no Kami, der Gott des Mutes, blieb siegreich und sorgte dafür, dass das japanische Volk sein Land zurückerhielt. Er soll auch die kaiserliche Familie gegründet haben, deren Blutsverwandtschaft angeblich noch bis zum heutigen Tennō nachweisbar ist. In seiner Gnade vergab Takemikazuchi no Kami seinem Gegner die Herausforderung und prahlte nicht mit seinem Sieg. Diese Haltung haben sich die Rikishi bis heute bewahrt. Sie zollen sich vor jedem Duell gegenseitig Respekt, halten während des Kampfes ganz genau die Regeln ein und zögern nicht, dem Gegner nach dem Kampf wieder auf die Füße zu helfen, wenn dieser zu Boden gefallen ist.

Da keine weiteren japanischen Quellen aus der Zeit vor dem 8. Jahrhundert existieren, lässt sich nicht genau sagen, wann sich Sumō in Japan zu entwickeln begann. Einige Wandmalereien lassen darauf schließen, dass Sumō schon weit vor dem 8. Jahrhundert betrieben wurde. Zu damaliger Zeit dienten die Kämpfe hauptsächlich als bäuerliches Ritual, um für eine gute Ernte zu beten.

Kampfbild von Nomino Sukune und Taimano Kehaya.

Der Sumō-Sport, der sich nur eng begrenzt in Japan entwickelt hat, wurde durch ähnliche Ringkämpfe beeinflusst, die aus China, Korea, der Mongolei, Indien, Babylon und anderen asiatischen oder europäischen Gegenden stammen. Sumō-Kämpfe müssen in dieser Zeit sehr brutal gewesen sein. Nahezu alles war erlaubt, und oft ging es bis zum Tod eines Rikishi.

Im Nihon Shoki, einer altjapanischen Chronik aus dem Jahre 720, ist der erste – allerdings nicht genau datierbare – Kampf von zwei Sterblichen beschrieben. Kaiser Suinin soll den Töpfer Nomino Sukune gebeten haben, gegen Taimano Kehaya zu kämpfen, einen brutalen Tyrannen und großen Angeber ohnegleichen. Während des spannenden Kampfes trat Sukune seinem Gegner mehrfach mit voller Wucht in den Bauch und in den Solarplexus. Kehaya brach schließlich tödlich verwundet zusammen und der Sieger Sukune ging als Urvater des Sumō in die Geschichte ein.

Sumō am Kaiserhof

Es gibt mehrere verschiedene Legenden über Sumō-Kämpfe, die im 7. Jahrhundert ausgetragen wurden. Die ersten historisch belegten Kämpfe haben im Jahre 642 stattgefunden, unter der Herrschaft der Kaiserin Kōgyoku (642-45). Sie ließ ihre Palastwachen zur Unterhaltung einer Abordnung des koreanischen Herrscherhauses Sumō vorführen. Andere Aufzeichnungen belegen, dass Sumō immer zu offiziellen Anlässen demonstriert wurde, wie zum Beispiel bei einer Kaiserkrönung. Die Sitte von Sumō-Kämpfen in kaiserlicher Gegenwart hat sich bis heute erhalten, allerdings in abgeänderter Form. Während der

GESCHICHTE

Herrschaft von Kaiser Shōmu (724-49) wurde immer zum gleichen Zeitpunkt, nach westlicher Rechnung Anfang August, das *Sechie*-Fest abgehalten. Zu diesem Anlass kamen Sumōtori aus dem ganzen Land, um im kaiserlichen Palastgarten Turniere abzuhalten. Es war aber nicht nur ein Fest der Körperkraft, auch Dichter und Denker fanden sich am Kaiserhof ein, um ihre Gedichte und Schriften der Öffentlichkeit vorzutragen. Durch das Sechie-Fest gewann Sumō enorm an Bedeutung und wandelte sich von einem bäuerlichen Ernteritual zu einer bedeutenden Zeremonie, bei der für den Frieden und den Wohlstand aller Japaner gebetet wurde. Dieses Fest etablierte sich und fand auch während der Heian-Zeit (794-1185) statt.

Unter der Regentschaft von Kaiser Saga (809-23) entwickelte sich Sumō zu einer Kampfkunst mit Regeln und festgelegten Techniken. Trotzdem blieb es noch immer eine recht brutale Sportart. Es war eine Mischung aus Ringen, Boxen und Würfen aus dem heutigen Jūdō.

In der Kamakura-Periode (1185-1392) wandelte sich Japans Führung in ein Shōgunat, eine Militärdiktatur. Blutige Auseinandersetzungen wurden im Land ausgetragen. Zur Ausbildung der Soldaten wurde Sumō ins militärische Trainingsprogramm aufgenommen. Viele Wurftechniken wurden gelehrt, um den Gegner zu Boden zu schleudern. Daraus entwickelte sich die heutige Selbstverteidigungssportart Jūjitsu.

Farbholzschnitt vom *Sechie*-Fest, das während der Heian-Zeit (794-1185) jährlich im August am Kaiserhof abgehalten wurde.

GESCHICHTE

歴史

Der wohl berühmteste Shōgun dieser Zeit war Minamoto no Yoritomo (1148-99). Er war ein großer Sumō-Anhänger und schaute seinen Soldaten gern beim Training im Tsuruoka-Hachimangū-Schrein zu. Dieser Schrein existiert noch heute und ist eine der größten Touristenattraktionen in Kamakura. Aber auch die Landbevölkerung betrieb weiterhin Sumō, um die Götter gnädig zu stimmen und eine gute Ernte zu erzielen. In Friedenszeiten kamen sowohl Bauern als auch Soldaten zusammen, um den Sumō-Sport gemeinsam auszuüben.

Während der Muromachi-Zeit (1336-1568) – benannt nach dem Sitz der Shōgune des Ashikaga-Clans im Kyōtoer Distrikt Muromachi – war Sumō etwas weniger populär, da sich die Shōgune lieber mit anderen Dingen die Zeit vertrieben. Als die Zeit der Ashikaga-Shōgune zu Ende ging, führten viele Feudalherren untereinander Krieg um die Macht in Japan. Als die internen Streitigkeiten weitgehend beigelegt waren und die Momoyama-Periode (1568-1603) begann, entstanden Gruppen mit halbprofessionellen Rikishi, die in Friedenszeiten über das Land zogen und Sumō demonstrierten, ähnlich den regionalen Schaukampftourneen, die von den Sumōtori der Makuuchi-Division heute noch regelmäßig zwischen den jährlich sechs Turnieren abgehalten werden.

Eine treibende Kraft war damals der mächtige Kriegsherr Oda Nobunaga (1534-82). Er begeisterte sich so für Sumō, dass er mehrere große Turniere veranstalten ließ. Das wahrscheinlich größte fand im Februar 1578 auf seiner Burg statt. Mehr als 1.500 Menschen fanden sich zu dem Wettkampf ein. Bis zu diesem Tage war die Kampffläche nur durch den Kreis der Zuschauer begrenzt. Da angesichts der großen Teilnehmerzahl viele Kämpfe gleichzeitig stattfinden mussten, wurden kreisförmige Kampfflächen markiert. Das diente der schnellen Durchführung der Wettkämpfe und hatte außerdem den Vorteil, dass die Zuschauer die Kämpfe aus sicherer Entfernung betrachten konnten.

Ringeintrittszeremonie *(dohyō-iri)* von Yokozuna Unryū Hisakichi (Farbholzschnitt von Uragawa Kunisada).
Seit dem frühen 18. Jahrhundert wurde die runde Wettkampffläche mit Reisstrohballen markiert und ein Dach auf vier Pfählen über den Ring gebaut, um ihn offiziell zu kennzeichnen.

Auch der Nachfolger von Oda Nobunaga, Toyotomi Hideyoshi (1537-98), fand großen Gefallen am Sumō-Kampf. Eines Tages organisierte er ein Aufeinandertreffen der beiden besten Sumōtori Irie Okuranosuke und Toku Inosuke. Der Herrscher war so beeindruckt von der Kraft und Kampfkunst der Rikishi, dass er das Duell der beiden unterbrach, bevor es entschieden war, damit sich keiner der beiden verletzte. Hideyoshis Neffe Hidetsugu war ebenso vernarrt in den Sumō-Sport wie sein Onkel. Er leistete sich den Luxus einer Leibwache von über hundert Sumōtori. In erster Linie waren sie nur dazu da, ihn mit Turnieren und Vorführungen bei Laune zu halten.

GESCHICHTE

Die Bürgerkriege in Japan endeten im Jahre 1603, als Tokugawa Ieyasu Shōgun wurde und das Land unter seiner Herrschaft einte. Während der nächsten 250 Jahre war es friedlich im Land der aufgehenden Sonne. Die Samurai, die ihre Kriegsgelüste abreagieren mussten, beschäftigten sich nun mit dem Studium der Kampfsportkünste wie Kendō, Sumō und anderer Kampfarten. Im Mittelpunkt dieser Kampfsportkünste stand der Geist des Bushidō (übersetzt: der Weg des Kriegers). Dieser Ehrenkodex der Samurai verlangte Treue, Selbstdisziplin, Achtung vor dem Gegner, Respekt dem Meister gegenüber, sowie Mut und Tapferkeit ohne Furcht vor dem Tod.

In dieser Zeit erhielt das sogenannte »Straßen-Sumō« *(tsuji-zumō)* immer mehr Zulauf. Männer forderten sich auf offener Straße gegenseitig heraus und kämpften, angefeuert von den Zuschauern am Wegesrand. Gewonnen hatte der Kämpfer, dem es gelang, seinen Gegner auf den Boden oder in die Zuschauer zu werfen. Weil aber die Kämpfe meist sehr hart und brutal waren, griff das Tokugawa-Shōgunat ein und verbot das »Straßen-Sumō«. Ein neues Gesetz erlaubte Sumō nur noch zur Ehrung der Götter.

Mit diesen Kämpfen, dem sogenannten »Kanjin-Sumō«, wurde der Bau neuer Tempel und Schreine finanziert. Die Organisatoren waren größtenteils *Rōnin*, herrenlose Samurai, oder frühere Rikishi, die von den Tempeln die Lizenz erhielten, Turniere zu veranstalten. Ein neuer Berufsstand war entstanden, den man heute mit einem Manager oder Promoter vergleichen könnte.

Diese »Manager« übernahmen eine zentrale Rolle. Sie hielten Kontakt zur Regierung, den Tempelvorsitzenden und den Sumōtori. Ihre Aufgabe war es, den Zeitpunkt eines Turniers festzulegen, die Paarungen zusammenzustellen und dafür zu sorgen, dass ein Turnier friedlich und ohne Streitigkeiten verlief. Zum ersten »Sumō-Manager« wurde im Jahre 1684 ein ehemaliger Sumōtori namens Gondaiyu ernannt. Später übernahmen die Sumō-Manager den bis heute gebräuchlichen Titel »*Oyakata*«.

Während der Edo-Periode (1603-1867) begannen einige Landesfürsten, sogenannte *Daimyō*, starke Sumōtori, zu verpflichten, die dann im Namen ihres Herrn kämpften. Die Sumōtori konnten dadurch zwar keine Reichtümer ernten, aber sie erhielten den Status eines Samurai und lebten sorgenfrei. Viele kämpften besonders waghalsig, in der Hoffnung, von einem Daimyō entdeckt zu werden. Die Sumōtori sahen sich im Laufe der Zeit immer besser gestellt. Die bei Turnieren erwirtschafteten Gelder gingen nun zum größten Teil an die Rikishi selbst und flossen nicht mehr in den Bau neuer Tempelanlagen.

GESCHICHTE

歴史

Entstehung des Profi-Sumō

Die Edo-Zeit steht für Frieden in Japan, aber auch für eine totale Abschottung des Inselreiches vom Rest der Welt. Ein kleiner Handelsmarkt im Hafen von Nagasaki war die einzige Verbindung zur Außenwelt. In dieser Zeit boomte der Sumō-Sport. Die Menschen wollten Frieden und Wohlstand genießen und strömten in Massen zu den Veranstaltungen. Bald gehörte Sumō zu den beliebtesten Freizeitbeschäftigungen. Die Hochburgen des Sumō in dieser Zeit waren Ōsaka und Kyōto. Dort gründeten ehemalige Rikishi auch den ersten Verband, den Sumō Kaisho, einen Vorläufer der heutigen Nihon Sumō Kyōkai.

Trotz der großen Popularität des Sumō gab es nur zwei zehntägige Turniere im Jahr. Damals führte man eine Rangordnung sowie eine Rangliste *(banzuke)* ein. Sumō-Trainer scharten die besten Talente um sich. Trainingsgemeinschaften und Teams wuchsen heran. Aus ihnen entstanden die heutigen Sumō-Ställe *(heya)*.

Die ersten Helden

Ganz oben in der Rangliste zu stehen, war schon früher das große Ziel eines jeden Sumōtori. Allerdings gab es damals noch nicht den Titel eines Yokozuna auf der Rangliste. Yoshida Oikaze, ein Kampfrichter aus Kumamoto, führte diese Bezeichnung erstmals im Jahre 1789 ein. Er entwickelte mit Zustimmung des Shōguns symbolische Reinigungsrituale, die vor den Kämpfen durchgeführt werden mussten und bis heute bewahrt blieben. Er vergab Yokozuna-Lizenzen *(yokozuna menkyo),* die einen Rikishi dazu berechtigten, das *Dohyō-iri,* die offizielle Einmarschzeremonie, anzuführen. Yokozuna war jedoch damals noch keine Rangbezeichnung. Erst 1890 erschien der Yokozuna-Titel auch auf der Rangliste. Es dauerte noch bis 1909, bis er sich auch als Rang durchgesetzt hatte.

Der höchste Rang war damals der eines Ōzeki. Und der erste, der ganz oben auf Platz eins geführt wurde, war Akashi Shiganosuke, der posthum zum Yokozuna ernannt wurde. Er soll mit weit über zwei Metern der größte Rikishi aller

Das sogenannte »*Kanjin-Sumō*« diente dazu, von den Einnahmen den Bau neuer Tempel und Schreine zu finanzieren. Der Farbholzschnitt von Katsugawa Shun'ei zeigt das Einmarschzeremoniell *(dohyō-iri)* vor einem solchen Sumō-Schaukampf.

GESCHICHTE

Zeiten gewesen sein. Ansonsten gibt es keine weiteren Zahlen über die Karriere des riesigen Sumōtori, keine Angaben über Turniersiege oder gewonnene Kämpfe. Auch über seine Nachfolger, die Yokozuna Ayagawa Gorōji und Maruyama Gontazaemon, ist wenig bekannt, aber es gibt genug Beweise, dass beide wirklich gelebt haben.

Als erster »wahrer Yokozuna« wird Tanikaze Kajinosuke bezeichnet. Er war beliebt und wurde sehr geschätzt, nicht nur als Kämpfer, sondern auch als Persönlichkeit außerhalb des Ringes. Tanikaze löste in seiner Heimatstadt Tōkyō einen Sumō-Boom aus. Bis dahin hatte die Stadt mit Sitz des Shōgunats, die bis 1868 Edo hieß, im Sumō hinter den Metropolen Ōsaka und Kyōto nur eine untergeordnete Rolle gespielt. Nun aber strömten die Massen in die Stadt, weil sie das große Duell zweier Rivalen erleben wollten.

Der Gegner von Tanikaze war Onogawa Kisaburō. Die Duelle der beiden faszinierten die Fans in ganz Japan. Sie waren so etwas wie die ersten Sexsymbole ihrer Zeit. Frauen, die als Zuschauer nicht bei den Turnieren zugelassen waren, stürmten die Trainingsstätten der Rikishi und warfen ihnen ihre Jacken und Schärpen zu. Tanikaze war der größere und erfolgreichere der beiden. Zu dieser Zeit betrug die Durchschnittsgröße eines Sumōtori 1,68 Meter. Tanikaze überragte mit 1,89 Metern alle anderen Kämpfer. Er gewann 21 Turniere. In den vier Jahren und acht Monaten, in denen er an der Spitze der Rangliste stand, verlor er nur zweimal.

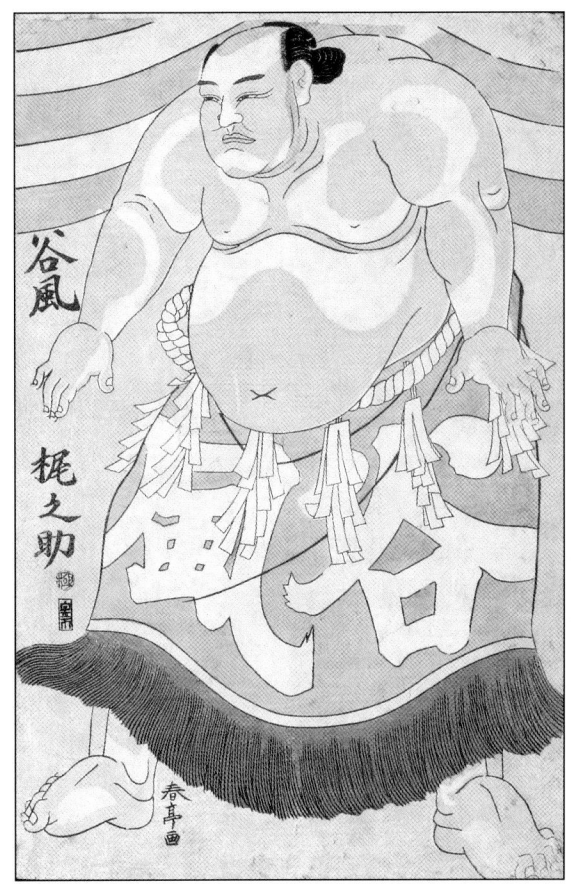

Tanikaze Kajinosuke. Der erste »wahre« Yokozuna. (Farbholzschnitt von Katsugawa Shun'ei)

Sein Dauerrivale Onogawa war nicht ganz so erfolgreich, er kam nur auf acht Turniersiege. Mit 1,76 Metern war er etwas kleiner, überzeugte aber durch einen explosiven Kampfstil, der bei den Zuschauern unglaublich gut ankam. Tanikaze und Onogawa waren die ersten Rikishi, die von Yoshida Oikaze eine Yokozuna-Lizenz erhielten. Diese Aufgabe blieb von da an übrigens in den Händen der Yoshida-Familie. Tanikaze starb 1795 im Alter von 45 Jahren an einer Grippe. Zu diesem Zeitpunkt stand er noch immer an der Spitze der Rangliste. Er gehört zu den zehn besten Rikishi aller Zeiten. Drei Jahre nach dem Tod von Tanizake trat Onogawa zurück und wurde Trainer in Ōsaka. Mit der Karriere der beiden Sumō-Idole endete aber nicht der Sumō-Boom, denn mit Raiden Tame-emon trat ein neuer Volksheld in den Ring. Viele bezeichnen ihn als den besten Rikishi aller Zeiten. Trainiert wurde er von Tanikaze, und sein Debut als Sumōtori gab er kurz nachdem sein Lehrmeister an die Spitze der Rangliste stieg. Seinen ersten Turniersieg landete er 1793, danach gelang ihm dies noch 26 Mal.

GESCHICHTE

歴史

Raiden war von gewaltiger Statur, bei einer Körpergröße von 1,97 Metern wog er 170 Kilogramm. Seine Hände sollen so riesig gewesen sein, dass der Oberkörper eines Gegners dahinter verschwand. Er war so stark, dass ihm einige Wurftechniken verboten wurden, um seine Kontrahenten zu schützen. Trotz dieses Handicaps verlor er in seiner 21-jährigen Laufbahn als Sumōtori nur zehn Kämpfe, bei 254 Siegen und 14 Unentschieden.

Raiden Tame-emon. Er wird oftmals als bester Rikishi aller Zeiten bezeichnet. (Farbholzschnitt von Katsugawa Shun'ei)

Trotzdem wurde Raiden nie zum Yokozuna befördert. Auch wenn der Titel bis 1890 nicht offiziell in der Banzuke geführt wurde, ist es unverständlich, dass der vielleicht beste Sumōtori aller Zeiten auf keiner Liste als Yokozuna notiert ist. Es gibt verschiedene Erklärungen dafür. Einige Quellen berichten, Raiden wäre brutal und rücksichtslos gewesen und hätte sich in kriminellen Kreisen bewegt. Da ein Yokozuna aber als Vorbild einen tadellosen Lebenswandel führen muss, wäre er dieses Amtes nicht würdig gewesen. Die aber wohl plausibelste Begründung für seine Nicht-Berücksichtigung liegt in der Rivalität zwischen der Familie seines Feudalherrn *(daimyō)* Matsudaira aus Izumo und des Yoshida-Clans aus Kumamoto, der für die Yokozuna-Beförderung zuständig war. Die Yoshidas haben Raiden einfach übersehen, weil er nicht zu ihnen gehörte. Trotzdem tat das der Popularität des Ausnahme-Athleten keinen Abbruch. Auch lange nach seinem Rücktritt im Jahre 1811, als er gelegentlich Vorstellungen auf dem Land gab, wurde er begeistert empfangen und von den Massen umjubelt.

Nach dem Rücktritt von Raiden blieb Sumō bis zum Ende des Tokugawa-Shōgunats (1867) zunächst eine feste Größe im Leben der Japaner. Der letzte Yokozuna, der in der Edo-Periode ernannt wurde, war Jinmaku Hisagorō. Danach brach auch für die Sumōtori ein neues Zeitalter an.

Die Öffnung Japans

Bereits Mitte des 19. Jahrhunderts wurde in Japan heftig darüber diskutiert, das Land zu öffnen. Seit mehr als 200 Jahren war Japan abgeschottet, ohne jeglichen Einfluss von außen. Japanern war es verboten, das Land zu verlassen, und Ausländer durften nicht einreisen, mit Ausnahme einiger Händler, die allerdings nur über den Hafen von Nagasaki ins Land gelangten.

Im Jahre 1854 kam es zum ersten Handelsabkommen zwischen Japan und den USA. Kommodore Matthew Perry erreichte im Februar desselben Jahres

GESCHICHTE

den Hafen von Yokohama. Die Amerikaner wurden freundlich empfangen und mit allerlei Gastgeschenken bedacht, unter anderem mit mehr als 200 Säcken prall gefüllt mit Reis. Jeder davon wog ungefähr 60 Kilogramm und die amerikanischen Matrosen wussten nicht, wie sie die Säcke an Bord schaffen sollten. Da erschienen plötzlich 25 Sumōtori, luden sich jeder zwei Säcke auf den Rücken und trugen sie unter den staunenden Blicken der Seeleute auf das Schiff. Anschließend wurde die ganze Crew zu einem Sumō-Turnier eingeladen. Kommodore Perry zeigte sich davon allerdings relativ unbeeindruckt. Über das Ritual vor Kampfbeginn schrieb er: »Ob es dazu dient, einen Bullen zu imitieren, der vor dem Angriff mit den Hufen scharrt, weiß ich nicht, aber es sieht sehr verrückt aus.« Vermutlich waren er und seine Mannschaft die ersten westlichen Ausländer, die bei einem Sumō-Turnier zuschauen durften.

Nach Ende des Tokugawa-Shōgunats bestieg Kaiser Meiji im Jahre 1868 den Thron. Damit wurde das bisherige Shōgunat-System mit seinen Feudalherren abgeschafft und der Kaiser gewann alte Macht und Stärke zurück. Er erkannte, dass sich Japan dem Rest der Welt öffnen musste. Männer durften kein Schwert mehr tragen und mussten die zu einem Knoten gebundenen langen Haare zugunsten einer westlichen Kurzhaarfrisur abschneiden. Nur den Sumōtori war der traditionelle Haarknoten noch gestattet, da er bei Stürzen als weiches Polster zum Schutz des Kopfes diente. Selbst der Kimono bekam durch die Hose große Konkurrenz.

Für die Sumōtori begann eine harte Zeit. Die neuen innenpolitischen Verhältnisse hatten Unruhe in Japan verursacht. Die Bevölkerung musste sich erst mit den neuen Entwicklungen auseinandersetzen, das Interesse am Sumō sank zunächst. Im Licht westlicher Werte erschien Sumō plötzlich altmodisch und barbarisch. Da durch das neue System die Macht und somit auch die finanziellen Mittel der Feudalherrscher arg beschnitten wurden, verloren auch die meisten Rikishi ihre Sponsoren. Sie mussten jetzt arbeiten gehen, versuchten ihr Glück bei den Feuerwehren, halfen beim Bau von Gebäuden und Denkmälern und trugen bei Prozessionen die Fahnen der kaiserlichen Familie.

Zur schwindenden Popularität des Sumō trugen auch Streitereien innerhalb des Verbandes bei. Im Jahre 1873 rebellierte Takasago Uragorō gegen den Sumō-Verband und forderte vor allem eine wirtschaftliche Reform. Daraufhin wurde er aus dem Sumō-Verband ausgeschlossen. Mit ein paar Getreuen grün-

Sumō-Vorführung zu Ehren des Kaisers im Shiba Enryōkan (Farbholzschnitt von Hōsen).

GESCHICHTE

dete er in der Kansai-Region (Großraum Ōsaka und Kyōto) eine neue Organisation. Fünf Jahre später aber vereinigten sich die Reformer wieder mit dem Sumō-Verband in Tōkyō und Takasago Uragorō stieg zu einem der mächtigsten Männer auf.

Der Sumō-Verband führte im Laufe der Jahre einige entscheidende Neuerungen ein. Seit 1872 dürfen auch Frauen bei offiziellen Turnieren zuschauen, ein Vorstand wurde eingesetzt und der Lohn für die Rikishi festgeschrieben. Außerdem kann seither die Entscheidung des Kampfrichters von den Außenrichtern *(shinpan)* korrigiert werden. Zuguterletzt benannte sich 1889 der Sumō-Kaisho in Tōkyō Ōzumō Kyōkai um.

Den Auslöser für einen neuen Sumō-Boom bildete aber 1884 der Besuch von Kaiser Meiji (1868-1912) bei einem Sumō-Turnier. Die traditionelle Sportart war aus ihrem Dornröschenschlaf erwacht. Nun fanden sich Politiker, Industrielle und bekannte Persönlichkeiten aus dem öffentlichen Leben und boten den Sumōtori wie vorher die Daimyō finanzielle Unterstützung an.

Gleichzeitig trat mit Umegatani Totarō 1 ein neuer großer Meister in die Sumō-Szene ein. Mit ihm konnten sich die Fans wieder identifizieren. Der Yokozuna verlor im Laufe seiner Karriere nur sechs Mal, bei 116 Siegen und 20 Unentschieden. Ihn kann man getrost in die Gruppe der großen Sumōtori zusammen mit Raiden und Tanikaze einreihen. In der gleichen Ära kämpfte auch Nishinoumi Kajirō 1, der als erster in der Rangliste mit dem Yokozuna-Titel ge-

<u>Foto oben links</u>: Yokozuna Umegatani Tōtarō 1, der 15. Yokozuna in der Sumō-Geschichte.

<u>Foto oben rechts</u>: Nishinoumi Kajirō 1 wurde 1890 zum 16. Yokozuna ernannt.

<u>Foto links</u>: Der 18. Yokozuna Ōzutsu Man'emon.

GESCHICHTE

歴史

Shiranui Koemon (links), der 11. Yokozuna, und Yokozuna Kimenzan Tanigorō (rechts), der 1869 zum 13. Yokozuna ernannt wurde, beim Dohyō-iri in den 1860er Jahren.

Konishiki Yasokichi wurde 1896 der 17. Yokozuna.

führt wurde. Der Sumō-Sport hatte endlich seine Krise überwunden und wurde zu Japans Nationalsport Nummer eins.

Der Beginn des 20. Jahrhunderts

Im Jahre 1909 wurde die erste nationale Sumō-Arena (Kokugikan) im Tōkyōter Stadtteil Ryōgoku gebaut. Zu oft waren in Japan die Turniere wegen schlechten Wetters ausgefallen, nun wollte man sich davon unabhängig machen. Viele Teams ließen sich in den Wohnvierteln rund um die Kokugikan nieder. Ein wichtiger Geldbeschaffer für die neue Sporthalle war Umegatani 1, der als Ikazuchi Oyakata einem eigenen Team vorstand und diverse Sponsoren für das Projekt gewinnen konnte.

Mit 15.000 Plätzen galt die Kokugikan zur damaligen Zeit als das prachtvollste überdachte Sportstadion Asiens. Das Gebäude wurde mehrmals zerstört bzw. beschädigt und wieder aufgebaut. 1917 brannte die Kokugikan nieder, 1923 fiel die Halle dem großen Kantō-Erdbeben zum Opfer. Im März 1945 wurde sie bei Luftangriffen von mehreren Bomben getroffen.

GESCHICHTE

Durch den Bau der Kokugikan bekam der Sumō-Sport ein neues Zuhause, und die Arena trug dazu bei, dass die Beliebtheit dieser Sportart weiter zunahm. Aber es waren natürlich in erster Linie die Rikishi selbst, die mit spannenden Kämpfen und spektakulären Rekorden die Zuschauer fesselten und in die Halle strömen ließen. Einer der beeindruckendsten Rikishi war Tachiyama Mine-emon, der vom Ende der Meiji-Zeit (1868-1912) bis zur Taishō-Zeit (1912-1926) seine größte Erfolgsphase hatte. Während seiner 18 Jahre als Sumōtori hatte er nie eine negative Kampfbilanz *(make-koshi)*. Als Yokozuna verlor er insgesamt nur dreimal. Tachiyama gewann 43 Kämpfe in Folge, verlor den 44., um dann die nächsten 65 wieder zu gewinnen. Jahre später erklärte der große Athlet in der Öffentlichkeit, er habe das Duell damals gegen Yokozuna Nishinoumi 2 absichtlich verloren *(yaochō)*, um seinem alten Freund einen Gefallen zu tun, denn der war zu dieser Zeit weniger gut in Form. Ohne diese Niederlage hätte Tachiyama mit 108 Siegen in Folge einen Rekord für die Ewigkeit aufgestellt. Somit steht er in der Bestenliste mit 65 Erfolgen in Serie auf Rang vier.

Damals entwickelte sich eine neue Stilrichtung. Es gab einige Rikishi, die unglaublich explosiv auf ihre Gegner zustürmten, um sie mit Stößen aus dem Ring zu werfen – bis dahin kannte man nämlich eigentlich nur das traditionelle Sumō mit dem Griff am Gürtel des Kontrahenten. Tachiyama aber war ein Meister in beiden Stilrichtungen. Gerade als sich seine Karriere dem Ende zuneigte, erschienen zwei neue Stars in der Sumō-Szene: Tochigiyama und Tsunenohana. Beide lieferten sich in den frühen 20er Jahren heftige Duelle. Tochigiyama erregte zum ersten Mal Aufsehen, als er die Serie von Tachiyamas 65 Siegen stoppte in einem Duell, das mit Sicherheit nicht abgesprochen war. Er besaß einen unglaublichen Trainingseifer, mit dem er seine Größe von nur 1,73 Metern und sein geringes Körpergewicht von 103 Kilogramm ausglich. Sein Kampfstil war sehr aggressiv. Er bevorzugte die Stoß- und Schlagtechniken. »Der kleine Yokozuna«, so sein Spitzname, verlor in seinen acht Jahren an der Spitze nur acht Kämpfe.

Das große Kantō-Erdbeben im Jahre 1923 stürzte den Sumō-Verband in finanzielle Schwierigkeiten. Außerdem sank das Interesse am Sumō, weil bis auf den Sekiwake Dewagatake, der aber nur durch seine Statur auffiel – er war 2,03 Meter groß und 195 Kilogramm schwer – die schillernden Persönlichkeiten fehlten. Um wieder mehr Aufmerksamkeit für Japans Nationalsport zu gewinnen, stiftete der Kronprinz dem Sieger eines Turniers einen Pokal. Ein Jahr später wurde aus dem Prinzen Kaiser Hirohito, und seitdem heißt der Cup »Tennō-Hai«, der Kaiserpokal.

Im Jahre 1926 schlossen sich die Verbände von Ōsaka und Tōkyō zum Dai Nihon Ōzumō Kyōkai zusammen, dem Alljapanischen Großen Sumō-Verband. Zu den bisher zwei Turnieren im Januar und Mai kamen 1927 noch zwei im März und Oktober hinzu. Ein Jahr später begann das Radio mit Live-Übertragungen von den

Im Jahre 1909 wurde die erste nationale Sumō-Arena (Kokugikan) im Tōkyōter Stadtteil Ryōgoku gebaut.

GESCHICHTE

Kämpfen. Um die Sendungen nicht unnötig in die Länge zu ziehen, wurde das Wettkampfzeremoniell gekürzt. Während sich die Athleten vorher unbegrenzt lange hatten aufwärmen dürfen, wurden nun für die Makuuchi-Division zehn, für Jūryō sieben und für die Ränge darunter fünf Minuten festgelegt. Trotz dieser Maßnahmen wuchs die Begeisterung für Sumō erst wieder zum Beginn der 30er Jahre. Wieder einmal lag es an den Protagonisten. Mit den Yokozuna Tamanishiki San'emon, Musashiyama Takeshi und Minanogawa Tōzō gab es erneut Helden, denen das Publikum zujubeln konnte.

Doch gerade als das Sumō wieder an Popularität gewonnen hatte, trat eine Gruppe ranghoher Rikishi in den Streik. Unter der Führung von Sekiwake Tenryū forderten die Rebellen mehr Geld und Reformen innerhalb des Verbandes. Es kam dazu, dass das erste Turnier des Jahres von Januar auf Februar verschoben werden musste. Der Sumō-Verband löste das Problem auf die einfachste Art. Er beförderte einfach einige Rikishi aus den unteren Klassen, um das Feld zu komplettieren.

Einer der Nutznießer dieses plötzlichen Aufstiegs war Futabayama Sadaji, der aber schon bald bewies, dass er zu Recht in die höchste Liga aufgestiegen war. Auch als 80 Prozent der Rebellen reumütig in den Schoß des Verbandes zurückkehrten, behauptete er sich an der Spitze. Dabei gehörte er mit 1,78 Metern und 134 Kilogramm nicht gerade zu den gewaltigsten Erscheinungen im Sumō-Ring. Aber er trainierte mit einer konsequenten Besessenheit und war berühmt für seinen explosiven Blitzstart. Ihm wird nachgesagt, in seiner ganzen Karriere keinen einzigen Fehlstart absolviert zu haben. Seine große Stärke bestand in einem phantastischen Balancegefühl, das er damit begründete, in seiner Jugend auf einem Fischerboot gearbeitet zu haben. Sein erstes Turnier gewann Futabayama 1936 mit einem makellosen 11-0 im Rang eines Sekiwake. Während der nächsten drei Jahre verlor er keinen einzigen Kampf und wurde zum Yokozuna ernannt. Als Futabayama nach 69 Siegen in Serie gegen Akinoumi verlor, hielt die ganze japanische Nation den Atem an. Sogar der Rundfunkkommentator geriet angesichts dieser Sensation ins Stottern. Futabayamas 69 Siege in Folge sind Rekord in der Sumō-Historie. Er kam auf insgesamt zwölf Turniersiege.

In der allgemeinen Euphorie ging der Tod des erst 34-jährigen Yokozuna Tamanishiki fast unter, der überraschend bei einer Blinddarmoperation gestorben war. Tamanishiki war zu Beginn der 30er Jahre der beste Mann im Ring gewesen, hatte aber seinen Nachfolger Futabayama nie schlagen können.

Auch wenn im Zweiten Weltkrieg nicht alle Turniere stattfinden konnten, blieb die Popularität von Yokozuna Futabayama ungebrochen. Drei Monate nach der Kapitulation Japans trat er vom aktiven Sport zurück. Erst jetzt lüftete er sein Geheimnis, seit einem Unfall in der Kindheit auf einem Auge blind zu sein. Ihm wurde das Privileg zugestanden, schon während seiner aktiven Laufbahn ein eigenes Sumō-Team zu leiten, was später nicht mehr erlaubt war. Er führte das Futabayama-Beya, das heute den Namen Tokitsukaze-Beya trägt. Außerdem saß Futabayama seit 1957 bis zu seinem Tode 1968 dem japanischen Sumō-Verband vor.

Die Karriere der anderen großen Sumōtori vor und während des Weltkrieges verblasste gegenüber dem erdrückenden Ruhm von Futabayama. Yokozuna Haguroyama kam wie Futabayama aus dem Tatsunami-Beya, blieb jedoch im

GESCHICHTE

Schatten des Publikumslieblings, obwohl der »Mann aus Stahl«, wie man ihn nannte, zwölf Jahre lang im Rang eines Yokozuna stand, und damit einen Rekord aufstellte, der wahrscheinlich so schnell nicht mehr gebrochen wird. Ein weiterer großer Meister dieser Zeit war Akinoumi. Doch er tritt eigentlich nur als der Mann in Erscheinung, der Futabayamas Siegesserie brach.

Die 50er Jahre

Nach dem Krieg übernahmen die Alliierten die Kokugikan, benannten sie in »Memorial Hall« um und installierten eine Eisfläche darin. Den Sumōtori wurde damit ihr »Mekka« genommen. Im Jahre 1950 errichtete man eine neue Kokugikan im Tōkyōter Stadtteil Kuramae. Diese sollte nun für die nächsten 35 Jahre die Heimat der Sumōtori werden. Mit den Fernsehübertragungen auf NHK (Nippon Hōsō Kyōkai) begann für Japans Nationalsport eine neue Ära. Fortan fanden wieder vier Turniere im Jahr statt. In den Jahren 1957 und 1958 kamen dann die Turniere im Juli sowie November hinzu, und die Anzahl wurde endgültig auf sechs festgelegt.

Die großen Rivalen in dieser Zeit waren die beiden Yokozuna Tochinishiki und Wakanohana 1. Beide waren die ersten großen Meister, die sich in einem Turnier am letzten Tag mit 14-0 gegenüberstanden. Wakanohana 1 gewann und Tochinishiki trat zwei Wochen danach zurück. Wakanohana 1 beendete seine Karriere zwei Jahre später im Jahre 1962. Beide hatten es auf jeweils zehn Turniersiege gebracht. Aber auch nach ihrem Rücktritt blieben sie Rivalen. Tochinishiki übernahm das Kasugano-Beya vom früheren Yokozuna Tochigiyama, der ihn als Sohn adoptiert hatte, und Wakanohana 1 gründete ein neues Team, das Futagoyama-Beya. Auch hier konkurrierten sie. Beide waren als Oyakata sehr erfolgreich und brachten gute Rikishi als Yokozuna und Ōzeki heraus. Im Jahre 1974 übernahm Kasugano Oyakata (der frühere Tochinishiki) den Vorsitz des japanischen Sumō-Verbandes, den

Tochinishiki bekleidete den Yokozuna-Rang von Oktober 1954 bis Mai 1960 und errang insgesamt zehn Turniersiege.

Wakanohana 1 (re.) war der große Rivale von Tochinishiki. Als 45. Yokozuna (1958-1962) errang er wie Tochinishiki insgesamt zehn Turniersiege.

GESCHICHTE

er 1988 an seinen Dauerrivalen Futagoyama Oyakata (den früheren Wakanohana 1) abtrat. Bis zu seinem Tod im Jahre 1990 blieb Kasugano Ratgeber des Sumō-Verbandes und Direktor des Sumō-Museums, das sich in der Kokugikan befindet.

Die 60er Jahre

Die 60er Jahre waren geprägt von den Duellen zwischen Taihō und Kashiwado. Beide waren mit 1,87 bzw. 1,88 Metern relativ groß, im Gegensatz zu ihren Vorgängern Wakanohana 1 (1,79m) und Tochinishiki (1,78m). Taihō war als Eurasier mit einem russischen Vater und einer japanischen Mutter eine interessante Erscheinung und besonders bei den Frauen beliebt. Auch unter den Kindern hatte er sehr viele Fans. Er war sehr trainingsfleißig, körperlich extrem stark und ein exzellenter Rikishi mit dem Griff am Gürtel des Gegners. Taihō kam auf insgesamt 32 Turniersiege und steht damit auf Platz eins der ewigen Bestenliste.

Kashiwado galt dagegen als Unglücksrabe, als tragischer Held dieser Epoche, da er aufgrund zahlreicher Verletzungen sein Leistungsvermögen nicht voll ausschöpfen konnte. Nach Abschluss ihrer Laufbahn gründeten beide ihre eigenen Teams. In den 80er Jahren gehörten sie zu den Direktoren des Sumō-Verbandes. Sie machten sich Hoffnungen, Futagoyama als Vorsitzenden abzulösen, aber ernannt wurde statt ihrer Dewanoumi.

Zum Ende der 50er bis Anfang der 60er Jahre wurden unter Führung von Tokitsukaze, dem früheren Futabayama, einige Neuerungen eingeführt. Für die Sumōtori der beiden höchsten Ligen gab es von nun an feste Monatsgehälter.

Taihō hält mit 32 Turniersiegen den Rekord und steht auf der ewigen Bestenliste auf Platz eins. Er bekleidete von September 1961 bis Mai 1971 den Rang eines Yokozuna.

Yokozuna Kashiwado bei der Siegerehrung. Im September 1961 zum Yokozuna ernannt, hielt er den Titel bis Juli 1967. Mit insgesamt fünf Turniersiegen stand er immer im Schatten von Taihō.

GESCHICHTE

Außerdem wurden eine Altersbegrenzung für Kampfrichter eingeführt, eine Mindestgröße und ein Mindestgewicht für Sumō-Schüler festgelegt sowie die endgültige Zahl von sechs Turnieren im Jahr bestimmt. Eine Sumō-Schule wurde gegründet, in der außer Sumō bis heute unter anderem auch japanische Kalligraphie gelehrt wird. Der Verband nannte sich von nun an Nihon Sumō Kyōkai. Darüber hinaus mussten Rikishi, die verwandten Heya angehörten, künftig auch in den Turnieren gegeneinander antreten.

Die 70er Jahre

Die 70er Jahre begannen mit der gleichzeitigen Beförderung von Tamanoumi Masahiro und Kitanofuji Katsuaki. Mit 1,77 Metern und 130 Kilogramm gehörte Tamanoumi zwar nicht zur ganz schweren Garde der Sumōtori, aber er verfügte über starke Beine und Hüften und eine ausgefeilte Wurftechnik, die er sich als Jūdōka in der Schule angeeignet hatte. Zu Beginn seiner Laufbahn trainierte er im gleichen Team wie Yokozuna Taihō. Später, als er für ein anderes Heya startete, gewann er gegen sein früheres Vorbild gleich im ersten offiziellen Aufeinandertreffen. Doch die Karriere von Tamanoumi war nur von kurzer Dauer. Drei Monate nachdem er im Juli 1971 seinen sechsten Turniersieg erzielt hatte, mit einem makellosen 15-0-Rekord, starb er nach einer Blinddarmoperation, die einem Herzinfarkt folgte. Er war der vierte Yokozuna in der Geschichte, der als aktiver Rikishi starb. Tamanoumi wurde nur 27 Jahre alt und war gerade auf dem Weg, ein ganz großer Sumōtori zu werden. Viele Fachleute meinten, er hätte einer der Besten werden können, wenn er nur länger gelebt hätte.

Kitanofuji wäre in der heutigen Zeit sicher der absolute Star der Werbeindustrie geworden. Er sah blendend aus, hatte eine sehr sympathische, offene Art und konnte – für Japaner sehr wichtig – besonders gut singen. Bei jeder sich bietenden Gelegenheit trat er in der Öffentlichkeit auf und erfreute sich schnell allergrößter Popularität. Aus dem Tod von Tamanoumi hätte Kitanofuji sportlichen Nutzen ziehen können, aber stattdessen fiel der Yokozuna durch den plötzlichen Tod seines Freundes und Rivalen in tiefe Depressionen. Er gewann noch das letzte Turnier des Jahres 1971. Im nächsten Jahr sagte er als bisher erster und einziger Sumōtori ein Turnier wegen Schlaflosigkeit ab. Im Jahre 1974 beendete er seine Laufbahn mit zehn gewonnenen Turnieren.

Seit der Einführung von sechs Wettkämpfen jährlich war 1972 das erste Jahr, in dem alle sechs Turniere *(basho)* von verschiedenen Rikishi gewonnen wurden. Darunter war auch der erste Nichtjapaner, nämlich der auf Hawaii geborene Jesse Kuhaulua, der sich als Rikishi Takamiyama nannte. Das Glückwunschtelegramm von US-Präsident Nixon wurde bei der Siegerehrung von Botschafter Ingersoll vorgelesen – das erste und letzte Mal in der Sumō-Geschichte, dass im Ring Englisch gesprochen wurde. Für die Japaner bedeutete das einen schweren Verstoß gegen die Tradition. Bei späteren ausländischen Siegern (Konishiki, Akebono, Musashimaru) wurde genau darauf geachtet, dass die Glückwünsche nur übersetzt ins Japanische vorgetragen wurden. Takamiyama kämpfte von 1968 bis 1984 in der Makuuchi-Division und bestritt 97 Turniere, ein bisher unerreichter Rekord. Sein höchster Rang war Sekiwake. Er war einer der großen Publikumslieblinge und ein begehrter Star in der Werbebranche, unter anderem sah man ihn in Werbespots für Futons und Suppen. Heute ist er als Azumazeki Oyakata Chef seines eigenen Teams. In seiner Hei-

GESCHICHTE

mat Hawaii löste er einen regelrechten Sumō-Boom aus. Ihm folgten zunächst der spätere Ōzeki Konishiki, dann die Yokozuna Akebono und Musashimaru.

Im gleichen Jahr, in dem Takamiyama seinen einzigen Turniersieg feierte (1972), gewann auch Wajima Hiroshi seinen ersten Titel. Er war der erste Rikishi, der es vom Amateur-Sumō bis zum Yokozuna geschafft hat. Nach dem Sommerturnier 1974 wurde Kitanoumi zum Yokozuna befördert. Mit nur 21 Jahren und zwei Monaten war er der jüngste Sumōtori an der Spitze der Sumō-Welt. In den Zweikampf zwischen Wajima und Kitanoumi mischte sich auch Ōzeki Takanohana 1, der jüngere Bruder von Futagoyama Oyakata, dem früheren Yokozuna Wakanohana 1. Zu einem Zeitpunkt, als Wajimas Leistungen etwas nachließen, gewann er zwei Turniere. Als der eher leichte Takanohana 1 im Jahre 1975 in einem packenden Kampf gegen den schwergewichtigen Kitanoumi gewann, erwarteten alle, dass Takanohana 1 es bis zum Yokozuna schaffen würde. Damit wären Takanohana 1 und Wakanohana 1 die ersten Brüder gewesen, die den Gipfel des Sumō erreicht hätten, was ungefähr 25 Jahre später den beiden Söhnen von Takanohana 1, die bis heute unter den gleichen Namen kämpfen, gelang. Als aber Wajima sein Tief überwunden hatte, kam Takanohana 1 nicht mehr an den beiden Yokozuna vorbei und blieb als Ōzeki immer nur der Kronprinz von Wajima und Kitanoumi. Diesen Rang hielt er aber immerhin in 50 Turnieren. Mit 14 Titeln beendete Wajima im Jahre 1981 seine erfolgreiche Laufbahn.

Foto rechts: Kitanofuji, Yokozuna von Januar 1970 bis Juli 1974, ist heute Jinmaku Oyakata.

Foto unten: Tamanoumi, der im Januar 1970 zum Yokozuna befördert worden war, konnte seine Erfolgskarriere nur kurze Zeit genießen. Er starb ein Jahr später kurz nach seinem sechsten Titelgewinn im Alter von 27 Jahren.

GESCHICHTE

Die 80er Jahre

Nach dem Rückzug von Wajima folgte jedoch schnell ein neuer Rivale für Yokozuna Kitanoumi: Chiyonofuji stürmte die Makuuchi-Division. Weil er schlank und gutaussehend war, nannte man ihn auch »Takanohana 2«. Ōzeki Takanohana 1 nahm sich des aussichtsreichen jungen Athleten an und unterstützte ihn unter anderem mit dem Ratschlag, das Rauchen aufzugeben, obwohl er selbst nie dem Nikotin hatte abschwören können. Chiyonofuji beherzigte den guten Rat. Er legte etwas an Gewicht zu, und mit Hilfe eines gut dosierten Trainingsprogramms setzte er dieses Gewicht in Muskelmasse um. Seine verletzungsanfällige Schulter stabilisierte sich. Im Januar-Basho in Tōkyō wurde er schließlich zum Ōzeki befördert. Zur gleichen Zeit gab Takanohana 1 seinen Rücktritt bekannt. Sechs Monate später schaffte Chiyonofuji die Ernennung zum Yokozuna. Von da an wurde er nicht mehr mit Takanohana 1 verglichen.

Chiyonofuji ist einer der beliebtesten Sumōtori aller Zeiten. Ihm gelangen insgesamt 31 Turniersiege. Damit steht er auf Platz zwei der ewigen Bestenliste. Von Juli 1981 bis Mai 1991 stand er im Range eines Yokozuna. Jetzt ist er als Kokonoe Oyakata ein sehr erfolgreicher Trainer, u.a. von Chiyotaikai und Chiyotenzan.

Kitanoumi hatte anfangs darauf verzichtet, von seinem Recht Gebrauch zu machen, als Yokozuna ein Turnier auszusetzen, ohne den Rang einzubüßen. Aber im November 1981 nach sieben Jahren an der Spitze, ohne ein Turnier auszulassen, trafen auch ihn Verletzungen. Von da an waren es immer mehr Turniere, bei denen Kitanoumi wegen Verletzungen zuschauen musste. Nach seiner ersten Pause gewann er nur noch zwei Turniere. 1985 trat er zurück. Aber Kitanoumi hatte mit 63 Turnieren als Yokozuna einen Rekord aufgestellt, der auch bis heute noch gilt. Insgesamt siegte er in 24 Turnieren. Damit liegt er in der ewigen Bestenliste auf Platz drei.

Zu der Zeit, als Kitanoumi in seinen Leistungen nachließ, wurde ein anderer Rikishi zu Chiyonofujis größtem Gegner, von dem man dies eigentlich nicht mehr erwartet hätte. Takanosato war eigentlich schon im Spätherbst seiner Karriere, als er im Januar 1982 zum Ōzeki ernannt wurde. Kurz vor seinem 32. Geburtstag im Jahre 1983 schaffte er noch den Sprung auf den Olymp der Sumōtori: Er wurde zum Yokozuna ernannt. Takanosato war der erste Sumōtori im höchsten Rang nach Futabayama, dem es gelang, gleich im ersten Turnier nach seiner Beförderung das Basho mit einer makellosen Bilanz ohne Niederlage zu gewinnen. Aber genau wie Futabayama bewahrte er ein Geheimnis für sich, das er erst am Ende seiner Laufbahn preisgab. Er war seit Jahren Diabetiker und musste eine strenge Diät einhalten, um die Krankheit unter Kontrolle zu halten - für einen Sumōtori, der eigentlich immer darauf bedacht ist, möglichst viel an Gewicht zuzulegen, ein schweres Handicap.

Kitanoumi – hier beim Dohyō-iri – wurde im Juli 1974 zum Yokozuna befördert und beendete im Januar 1985 seine Karriere. Mit insgesamt 24 Turniersiegen steht er an dritter Stelle der ewigen Bestenliste. Bei einer Körpergröße von 1,80 Metern wog er 164 Kilogramm.

Dennoch entwickelte sich Takanosato zum Angstgegner Chiyonofujis. In vier Turnieren hintereinander, von Juli 1983 bis Januar 1984, standen sich die beiden immer am letzten Tag eines Basho mit gleichem Ergebnis gegenüber. Ein Phänomen, das in der Sumō-Geschichte bis heute einmalig geblieben ist. Von diesen vier sehr harten Duellen gewann Takanosato drei. Bis zu seinem Rücktritt im Jahre 1986 blieb er der große Erzrivale von Chiyonofuji. Sein Buch darüber, wie man Diabetes unter Kontrolle hält, gilt bis heute als Bibel für alle Sumōtori. Ein Jahr nach seinem Abgang hatte der frühere Yokozuna durch eine über-

GESCHICHTE

wiegend vegetarische Diät 45 Kilogramm abgenommen und trat im Fernsehen als gutaussehender Sumō-Kommentator auf.

Seit der Zeit, als die Kokugikan von den Alliierten beschlagnahmt worden war, gab es immer wieder Bestrebungen, die Sumō-Halle wieder in die alte Heimat nach Ryōgoku zurückzuholen. Doch diese Pläne konkretisierten sich erst, als die Japan National Railways (JNR) ein firmeneigenes Gelände in der Nähe des Bahnhofs von Ryōgoku zum Verkauf freigab, um Defizite auszugleichen. Die Verhandlungen mit dem Japanischen Sumō-Verband verliefen problemlos. Der Bau der neuen Kokugikan wurde im April 1983 begonnen und im November 1984 fertiggestellt. Im Januar 1985 fand bereits das erste Basho in der alten Heimat statt.

Takamiyama war der erste Ausländer, der einen Turniersieg in der Makuuchi-Division feiern durfte. Er löste in Hawaii einen Sumō-Boom aus. Ihm folgten u.a. Konishiki, Akebono, Musashimaru und Yamato.

Am vierten Kampftag des ersten Turniers gab Kitanoumi seinen Rücktritt bekannt, ohne einen einzigen Kampf in der neuen Arena gewonnen zu haben. Chiyonofuji aber zeigte gleich, wer der Herr im Hause war. Er gewann in den nächsten zwei Jahren sämtliche Turniere. Sein alter Rivale Takanosato entschied in der neuen Halle zwar noch einige Kämpfe für sich, aber nie mehr ein Turnier. Er trat ein Jahr nach Kitanoumi zurück. Futahaguro, der in einigen Turnieren Platz zwei erreicht hatte, wurde daraufhin zum Yokozuna ernannt. Allerdings gelang es ihm nie, wenigstens ein Turnier zu gewinnen. In seiner kurzen Zeit im höchsten Sumō-Rang stellte er nie eine ernsthafte Konkurrenz für den alles überragenden Chiyonofuji dar.

Erst im Mai 1987 durchbrach Ōzeki Ōnokuni Chiyonofujis Siegesserie. Er gewann gegen den Yokozuna und alle anderen 14 Konkurrenten und holte sich als zweiter Rikishi einen Titel in der neuen Kokugikan. Hokutoumi, der Zweitplatzierte, wurde zum Yokozuna ernannt, und der Hawaiianer Konishiki war der erste Ausländer im Rang eines Ōzeki. Die Welle der Beförderungen ging aber 1987 noch weiter. Als Hokutoumi im September sein erstes Basho als Yokozuna gewann, wurde Ōnokuni, der Turnierzweite, zum Yokozuna ernannt. Mit 201 Kilogramm war er der bis dahin schwerste Rikishi im höchsten Rang. Gleichzeitig stieg Asahifuji zum Ōzeki auf.

Nach den vielen Beförderungen endete das Jahr 1987 mit einem handfesten Skandal. Ein erbitterter Streit mit seinem Trainer Tatsunami Oyakata veranlasste Futahaguro, sein Team zu verlassen. Drei Tage später erklärte Tatsunami der Presse, beim Verlassen des Heyas habe der Yokozuna seine Frau geschlagen. Daraufhin wurde Futahaguro am Silvestertag vom Vorstand des Sumō-Verbands seines Ranges enthoben und aus dem Verband ausgeschlossen, ohne die Möglichkeit erhalten zu haben, seine Version der Geschichte darzulegen. Sicher ein einmaliger Vorgang in der Geschichte des Sumō. Damit war Futahaguro der einzige Yokozuna, der nie einen Titel gewinnen konnte.

Tatsunami Oyakata wurde mit einer Geldstrafe belegt und musste für drei Monate seine Ämter niederlegen, weil es ihm nicht gelungen war, Disziplin und Ordnung in seinem Team zu halten. Aber gleich im nächsten Turnier, im Januar 1988, besserte Ōzeki Asahifuji den angeschlagenen Ruf des Teams von Tatsunami mit dem Turniersieg wieder auf. Im gleichen Jahr wurde auch er zum Yokozuna befördert. Damit saßen in Japan wieder vier Athleten auf dem höchsten Sumō-Thron.

GESCHICHTE

Trotz seiner 33 Jahre war Chiyonofuji immer noch der herausragende Athlet in der Makuuchi-Division. Zwar fehlte der »Wolf«, wie man ihn nannte, beim zweiten Turnier des Jahres verletzungsbedingt. Ōnokuni gewann in einer Play-off-Ausscheidung gegen Hokutoumi. Trotzdem schaffte er es, Kitanoumis 24 Turniersiege zu übertrumpfen und sich in der ewigen Bestenliste auf den zweiten Rang vorzuarbeiten. Außerdem gelang ihm eine imponierende Siegesserie von 53 Kämpfen hintereinander, so dass er auf den fünften Platz der Rangliste vorrückte.

Mit dem Tod von Kaiser Hirohito kurz vor Beginn des Januar-Turniers 1989 und der Thronfolge seines ältesten Sohnes endete die Shōwa- und begann die Heisei-Zeit. Zwar siegte der von einer Verletzung wiedergenesene Hokutoumi im ersten Basho der neuen Ära in einem Play-off-Kampf gegen Asahifuji, aber trotzdem blieb die Vorherrschaft von Chiyonofuji nach wie vor ungebrochen. Das Frühjahrsturnier im März gewann er, obwohl er am letzten Tag mit einer ausgekugelten Schulter zuschauen musste, mit 14-1. In seiner Abwesenheit siegte sein Teamgefährte Hokutoumi im Mai. Aber schon zum Nagoya-Basho im Juli kehrte der »Wolf« wieder zurück und gewann das Turnier in einem entscheidenden Play-off-Duell gegen Hokutoumi. Zum ersten Mal in der Geschichte standen sich zwei Yokozuna vom gleichen Team im Kampf um den Turniersieg gegenüber. Auch das Herbstturnier im September sicherte sich Chiyonofuji.

Die 90er Jahre

Nach dem ersten Turniersieg des Hawaiianers Konishiki zum Jahresende 1989 gelang dem Altmeister Chiyonofuji wieder ein Sieg im Neujahrsturnier von Tōkyō. Kurz darauf starb während einer Trainingsphase Ryukōzan. Er war ein hoffnungsvoller Rikishi aus dem Dewanoumi-Beya und der erste, der seit dem Tod von Tamanoumi im Jahre 1971 als aktiver Sumōtori starb. Konishikis Bemühungen, Yokozuna zu werden, scheiterten 1990 aufgrund zahlreicher Verletzungen. Dafür schaffte aber mit Asahifuji ein Rikishi die Beförderung, der eigentlich gar nicht mehr auf der Kandidatenliste stand. Nach einer langwierigen Erkrankung der Bauchspeicheldrüse meldete er sich mit zwei Turniersiegen im Mai und Juli eindrucksvoll wieder zurück und wurde anschließend zum Yokozuna ernannt.

Ebenfalls 1990 wurde Kirishima kurz vor seinem 31. Geburtstag zum Ōzeki befördert. Um diesen Rang zu erreichen, brauchte er 91 Turniere, so viel wie kein zweiter. Noch heute hält er den Rekord in Sachen Langsamkeit. Im Mai des gleichen Jahres gab der 17-jährige Takahanada, der Sohn des früheren Ōzeki Takanohana 1, sein Debüt in der Makuuchi-Division und war somit der jüngste Topliga-Rikishi aller Zeiten. Vier Monate später gelang auch seinem zwei Jahre älteren Bruder Wakahanada der Sprung in die Makuuchi-Division, gemeinsam mit Takatōriki, Daishōyama und dem aus Hawaii stammenden Akebono, alias Chadwick Rowan. Alle vier neuen Maegashira – einmalig in der Sumō-Geschichte – schafften eine positive Kampfbilanz *(kachi-koshi)*. Trotz allem blieb die alte Vorherrschaft der Rikishi aus dem Kokonoe-Beya ungebrochen, denn Chiyonofuji und Hokutoumi errangen je zwei Titel.

Der Sieg im Kyūshū-Basho war der insgesamt 31. für den »Wolf«, der damit hinter Taihō auf Platz zwei der ewigen Bestenliste vorrückte. Aber dieser Sieg

GESCHICHTE

sollte auch sein letzter bleiben. Das Jahr 1991 brachte den totalen Wandel in der Sumō-Welt. Zunächst gewann Ōzeki Kirishima das erste Basho des Jahres, danach siegte Hokutoumi im März. Das Sommerturnier im Mai begann mit einem Paukenschlag. Der 18 Jahre alte Takahanada schlug den 35-jährigen Chiyonofuji. Zwei Tage später gab dieser seinen Rücktritt bekannt. Elf Jahre zuvor war Takahanadas Vater nach seiner Niederlage gegen Chiyonofuji vom aktiven Sport zurückgetreten. Sein Sohn hatte sich jetzt dafür revanchiert. Damit war einer der erfolgreichsten und populärsten Rikishi aller Zeiten von der Sumō-Bühne abgetreten.

Während des Nagoya-Turniers verkündete auch Ōnokuni seinen Abschied. So waren von vier Yokozuna nur noch zwei übriggeblieben, doch die zeigten alles andere als eine bestechende Form. Hokutoumi und Asahifuji schafften nur knapp mit 9-6 und 8-7 in Nagoya ein »Kachi-koshi« (positive Kampfbilanz). Infolge seiner mangelhaften Leistungen zog sich Asahifuji im Januar 1992 aus dem aktiven Wettkampfgeschehen zurück. Im Mai gab dann Hokutoumi seinen Rücktritt bekannt, nachdem er vier Turniere verletzt ausgesetzt hatte. Innerhalb eines Jahres hatte Japan alle vier Yokozuna verloren. Beim Turnier im Juli 1992 stand zum ersten Mal seit 60 Jahren kein einziger großer Meister in der Rangliste.

Doch es gab natürlich schon einige Nachwuchs-Kandidaten in Lauerstellung. Konishiki scheiterte zwar mit seinem Anlauf auf den Yokozuna-Titel, aber mit Akebono stand der nächste ausländische Kandidat schon bereit. Die japanischen Hoffnungen lagen dagegen vor allem auf Takahanada. Der hatte im Januar 1992 als jüngster Rikishi aller Zeiten ein Turnier in der Makuuchi-Division gewonnen. Nach damaligem japanischen Gesetz war er mit 19 Jahren sogar noch zu jung, um bei der traditionellen Siegerparty mit Alkohol anzustoßen.

Konishiki – eine gewichtige Legende

Im November 1989 wurde an den Grundfesten von Japans Sumō-Welt gerüttelt, denn mit dem Hawaiianer Konishiki entschied ein Ausländer das Turnier in Kyūshū für sich, das Chiyonofuji zuvor acht Mal in Folge gewonnen hatte. Zwar hatte 17 Jahre vorher mit Sekiwake Takamiyama schon einmal ein Nichtjapaner ein Basho gewonnen, doch seine Ernennung zum Yokozuna stand nie zur Diskussion. Das war bei Konishiki anders. Doch für viele Japaner war es einfach unvorstellbar, dass ein Nichtjapaner in der traditionellsten Sportart den höchsten Rang bekleiden sollte.

Nach dem großen Erfolg von Jesse Kuhaulua, der unter dem Namen Takamiyama in den 70er und 80er Jahren große Erfolge gefeiert hatte, waren insgesamt 21 kampfeswillige, junge Sportler aus Hawaii und weitere sechs Kämpfer aus dem Rest der USA nach Japan gekommen, um in die Fußstapfen ihres Landsmannes zu treten. Der erste von ihnen, der den Durchbruch schaffte, war Saleva Atisanoe, der kurz »Sale« (gesprochen wie »Sally«) genannt wurde und als Rikishi den Namen Konishiki annahm. Als Takamiyama ihn entdeckte, war er

<u>Fotos nächste Doppelseite</u>: Konishiki zu seinen besten Zeiten. Sein höchstes Kampfgewicht lag bei 284kg. Die Kampffotos auf der rechten Seite wurden während des Schaukampfes 1992 in Düsseldorf aufgenommen. Foto rechte Seite oben links: Konishiki auf der Pressekonferenz in Düsseldorf. Großes Foto rechts: Konishiki mit dem Kaiserpokal *(tennō-hai)*.

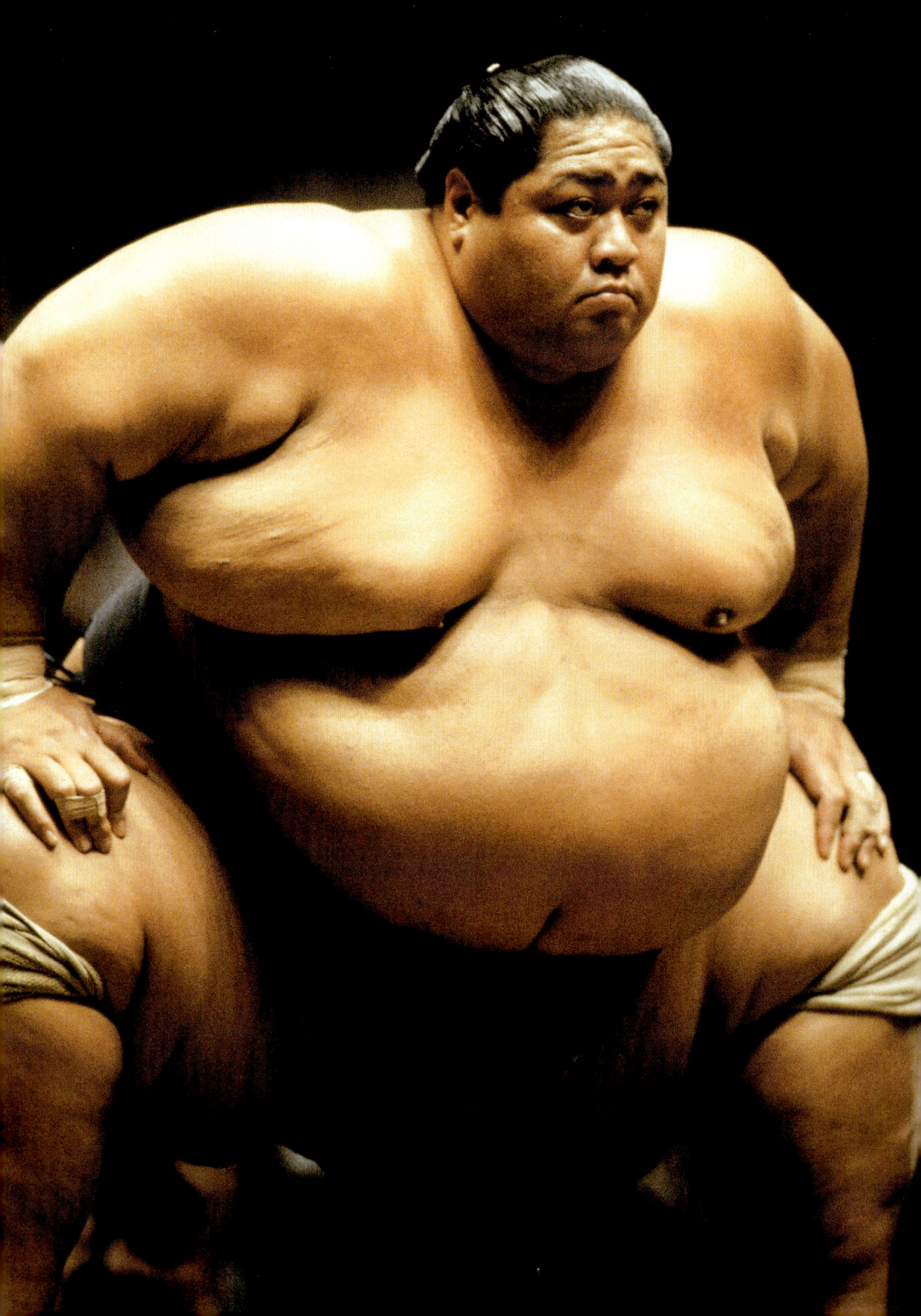

GESCHICHTE

einer der besten Schüler seiner Schule in Honolulu und außerdem – nicht zuletzt wegen seines Gewichtes – ein gefragter American-Football-Spieler. Da es sein Ziel war, Jura zu studieren, lehnte er zunächst Takamiyamas verlockendes Angebot ab. Aber die Versuchung war groß. Sein Vater, ein Angestellter der US-Army, hatte es nicht leicht, die Familie mit neun Kindern zu ernähren. Auch das war sicherlich ein Grund, warum Sale das Abenteuer Japan einging. Dort angekommen, war er zunächst sehr verwundert darüber, als Kampfkleidung lediglich einen Gürtel zu tragen.

Die erste Zeit des Trainings war sehr hart für den jungen Ausländer, der bei seinen Teamgefährten anfangs einen sehr schweren Stand hatte. Aber mit Zähigkeit und Ausdauer setzte sich der »Gaijin«, der Ausländer, schließlich durch. Er erhielt den Namen des früheren Yokozuna Konishiki Yasokichi, der ebenfalls dem Takasago-Beya angehört hatte.

Sein Sumō-Debut fand dann 1982 im Nagoya-Basho statt. Er erzielte Siege in der Jonokuchi- und in der Jonidan-Division mit makellosen 7-0-Bilanzen. Schon ein Jahr nach dem Erscheinen seines Namens auf der offiziellen Rangliste stieg er in die Jūryō-Liga auf, die zweithöchste Division im Sumō, ab der die Rikishi ein festes Gehalt vom Sumō-Verband beziehen. In der Geschichte des Sumō gibt es nur zwei Rikishi seit der Einführung von sechs Turnieren pro Jahr, die dieses Ziel schneller erreichten: Asahifuji und Itai, die beide aber schon zahlreiche Amateur-Sumō-Kämpfe bestritten hatten.

Konishiki während seiner Ausbildung zum Sumōtori: Erste Schreibversuche in einer fremden Schrift und Sprache. Noch heute gehört es zur Pflichtübung der jungen Rikishi, sich in Kalligraphie zu üben.

Im Juli 1984 gelang Konishiki dann der Sprung in die Makuuchi-Division, nach nur zwei Jahren im Profi-Sumō und einem Basho nach dem Rücktritt von Takamiyama, seinem Entdecker. Der Einstand des neuen Hawaiianers war überwältigend. Wie eine Bombe schlug er in der Topliga ein. Im September schockte er die Sumō-Welt, indem er gleich beide teilnehmenden Yokozuna, Chiyonofuji und Takanosato, schlug und auch Ōzeki Wakashimaru aus dem Ring fegte. Bis zum letzten Tag blieb er im Rennen um den Turniersieg. Schließlich ging der Titel an Tagaryū, einen anderen Maegashira mit 13-2, aber Konishiki, der mit 12-3 abschloss, erhielt zwei der drei *Sanshō*-Pokale, die in jedem Basho für überragende Leistungen vergeben werden.

Nach dem Herbstturnier gab es in ganz Japan von allen Seiten entsetzte Aufschreie, dass man es nicht dulden dürfte, wenn Ausländer sich in der traditionellen japanischen Sportart breit machten. Eine Anti-Konishiki-Stimmung kam auf mit dem Ziel, den Hawaiianer auf dem Weg in die oberen Ränge zu stoppen. Der frühere Spitzenkämpfer Taihō erklärte, dass die Niederlage der eigenen Top-Rikishi eine Schande für ganz Japan sei. Konishiki erlebte eine schlimme Zeit. Nachts quälten ihn Alpträume, in denen er verfolgt und auf offener Straße niedergestochen wurde. Mit der Zeit glätteten sich die Wogen jedoch. Japans Nationalsport müsse stark genug sein, um auch einen Rikishi wie Konishiki verkraften zu können, so die damalige Devise.

In den nächsten zwei Jahren hatte Konishiki viel Pech. Immer wenn er kurz vor der Beförderung zum Ōzeki stand, verletzte er sich. Damals wog er bei einer Größe von 1,87 Metern zirka 260 Kilogramm, am Ende seiner Laufbahn

GESCHICHTE

歴史

sogar 284 Kilogramm, was ihn zwar im Ring stark, aber auch verletzungsanfällig machte. Kurz vor dem Herbstturnier im September 1985 passierte ihm ein ganz ausgefallenes Malheur. Ein Badehocker brach unter seinem Gewicht zusammen. Dabei brach er sich das Steißbein und durfte beim nächsten Turnier nur zuschauen - im Stehen natürlich.

Im Mai-Turnier 1986 gehörte er mit Ōnokuni zu den auserlesenen Rikishi, die Prinz Charles und Lady Diana auf ihrem Japan-Trip vorgestellt wurden. Aber auch das war kein gutes Omen für das Basho, denn bei einem Wiederholungskampf gegen Ōzeki Kitao, den späteren Futahaguro, renkte sich Konishiki das Bein aus. Das war besonders ärgerlich, weil die Mehrheit der Zuschauer der Meinung war, dass die Wiederholung unnötig gewesen wäre, da der Hawaiianer das erste Duell klar gewonnen hätte. Den Rest des Turniers und das folgende in Nagoya war Konishiki wieder zum Zusehen verdammt. Eine bittere Erfahrung, die ihn aber lehrte, wie er selbst sagte, sich in Geduld zu üben.

Sein Comeback startete er im September 1986 und er war zunächst kaum mehr aufzuhalten. Einem 12-3 beim Herbstturnier folgte ein 10-5 im November. In der ersten Jahreshälfte 1987 sammelte er dann genug Siege, um zum Ōzeki befördert zu werden, 10-5 im Januar-Turnier und danach ein 11-3 im Frühjahrsturnier von Ōsaka. Im Mai räumte er dann richtig auf in der Makuuchi-Division. Er schaffte zwölf Siege bei drei Niederlagen und wurde endlich zum ersten echten ausländischen Ōzeki gekürt.

Zuvor hatte es mit Maenoyama zwischen 1970 und 1972 schon einen Ōzeki koreanischer Abstammung gegeben. Aber Maenoyama wurde nie als Ausländer bezeichnet, weil er in Ōsaka geboren und von Anfang an japanischer Staatsbürger war. Bei Konishikis Ōzeki-Party im September in einem Tōkyōter Hotel, bei der die Beförderung ordentlich begossen wurde, deutete der damalige Vorsitzende des Sumō-Verbandes Kasugano Oyakata, der frühere Yokozuna Tochinishiki, an, dass er bald die nächste Feier erwarte, nämlich die zur Yokozuna-Promotion. Die aber sollten beide nie erleben.

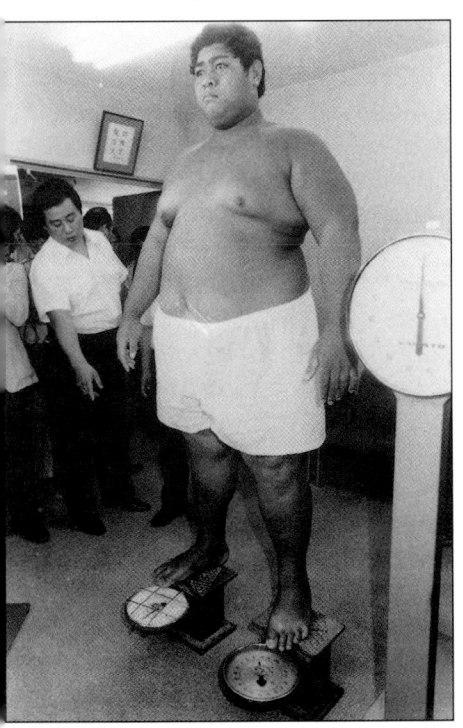

Der junge Konishiki bei der medizinischen Voruntersuchung. Schon damals reichte eine Waage nicht.

Konishiki gewann im November 1989 in Kyūshū sein erstes Basho, obwohl er dort unter großem Druck stand. Er war nämlich in dieses Turnier als *Kadoban*-Ōzeki gegangen, ein Ōzeki, der im Basho vorher mit negativer Kampfbilanz *(make-koshi)* abgeschlossen hatte und nun unbedingt eine positive *(kachi-koshi)* erreichen musste, um den Rang zu behalten und nicht abzusteigen. Doch der Hawaiianer rauschte in rasantem Tempo durch seine Kämpfe und beendete das Turnier mit einem fabelhaften 14-1 als Sieger. Nach Takamiyama war er der zweite Ausländer, der ein Turnier gewann. Seine Freude darüber war riesig, endlich hatte er es geschafft. Der Yokozuna-Titel rückte in greifbare Nähe.

Dieses Mal war der Sumō-Verband vorbereitet auf das Glückwunsch-Telegramm des amerikanischen Präsidenten. Siebzehn Jahre nach Takamiyamas Triumph wurden die Worte von Präsident Bush von einem US-Diplomaten auf Japanisch vorgetragen, so wie bei allen anderen späteren ausländischen Erfolgen. Nixons Worte anlässlich des Sieges von Takamiyama blieben die einzigen englischen, die jemals offiziell im Sumō-Ring gesprochen wurden.

GESCHICHTE

Seinen zweiten Titel gewann Konishiki genau zwei Jahre später, im November 1991 in Fukuoka, mit einem ausgezeichneten 14-1. Das anschließende Neujahrsturnier 1992 in Tōkyō schaffte er mit einer 12-3-Bilanz. Das reichte zwar nicht für den ersten oder zweiten Platz in diesem Basho, aber insgesamt unterstrich er mit den zwölf Siegen seine Anwartschaft auf den Yokozuna-Titel. Als er dann im nächsten Turnier im März 1992 in Ōsaka sein insgesamt drittes Basho mit 13-2 gewann, erwartete jeder, dass man ihn zum Yokozuna ernennen würde.

Es gab zu dieser Zeit eigentlich keine festen Kriterien zur Yokozuna-Beförderung. Einige große Meister, die weitaus weniger Erfolge erzielt hatten als Konishiki, waren schon zu dieser Ehre gelangt. Doch der japanische Sumō-Verband konnte sich nicht so recht anfreunden mit dem Gedanken an einen ausländischen Yokozuna, da dieser höchste Rang bisher immer nur einem Japaner vorbehalten gewesen war. Konishiki an der Spitze der traditionellsten aller japanischen Sportarten, das war für viele konservative Japaner einfach unvorstellbar. Das Yokozuna-Ernennungskomitee *(yokozuna shingi-iinkai)* zögerte und suchte nach Gründen, die Beförderung zu verhindern.

Sumōtori aus der Mongolei. Kyokushūzan (li.) und Kyokutenho (re.), der mongolische Exportschlager. Mittlerweile sind ausländische Sumōtori keine Seltenheit mehr in Japan.

Schließlich gab man bekannt, dass die beiden Niederlagen gegen den damaligen Maegashira Nr. 2 Akinoshima und gegen Komusubi Tochinowaka einem Yokozuna unwürdig seien, und man deshalb keine Beförderung aussprechen könne. Außerdem beabsichtige man, die Richtlinien zur Beförderung zum Yokozuna zu verschärfen, damit wirklich nur Ausnahme-Athleten zu dieser allerhöchsten Ehre kämen. So wurde eine neue Regel eingeführt, dass nur Yokozuna werden könne, wer zwei Turniere in direkter Reihenfolge gewinnt. Damit war Konishiki aus dem Rennen.

Kurz danach ließ er sich in einem Zeitungsinterview zu der Äußerung hinreißen, dass der Rassismus in Japan seine Beförderung zum Yokozuna verhindert habe. Ein Mitglied der Nominierungskommission war in einer Lokalzeitung nämlich mit dem Satz »wir brauchen keinen ausländischen Yokozuna« zitiert worden. Als dann auch noch die New York Times das Thema aufgriff, gelangte der Skandal zu internationalem Ausmaß. Sogar das US-Außenministerium fragte an, ob denn im Falle von Konishiki alles mit rechten Dingen zugegangen wäre. Daraufhin dementierte Konishiki auf einer Pressekonferenz unter Tränen seine Aussagen. Es gelang ihm aber nicht mehr, sich gemäß den neuen Regeln zum Yokozuna zu qualifizieren. Im folgenden Sommerturnier in Tōkyō, das er hätte gewinnen müssen, um die Ernennung zu erreichen, gelangen ihm nur neun Siege. Es waren seine Knie, die dem Ōzeki immer mehr Schwierigkeiten machten. Das Gewicht von über 280 Kilogramm belastete die empfindlichen Gelenke zu stark.

GESCHICHTE

Immer wieder musste er verletzt Trainingspausen einlegen oder konnte seine Wettkämpfe nur unter Schmerzen bestreiten. So kam es fast zwangsläufig dazu, dass Konishiki zurückgestuft wurde. Nach 39 Turnieren als Ōzeki, die drittmeisten in diesem Rang in der Geschichte, wurde er 1993 ausgerechnet in Fukuoka degradiert, wo er zwei seiner drei Turniere gewonnen hatte. Danach hielt er sich noch für 24 Turniere in der Makuuchi-Division. Auch das ist ein Rekord. Kein anderer Ōzeki, der seinen Titel verloren hatte, kämpfte danach

Bei der Eröffnungsfeier der Olympischen Winterspiele von Nagano 1998 führten die Rikishi die Nationen ins Stadion.

Ōzeki Takanonami führte das griechische Team an.

Terao mit dem koreanischen Team.

Sekiwake Kaiō führt das Team von Island an.

Musashimaru, damals noch Ōzeki, geleitete sein Heimatland USA ins Stadion.

GESCHICHTE

noch so lange in der Eliteliga. In dieser Zeit avancierte Konishiki zum großen Publikumsliebling. Er war mit seinen 284 Kilogramm der schwerste Rikishi aller Zeiten und ein tragischer Held der Sumō-Szene. Er hatte so knapp die Yokozuna-Beförderung verfehlt, und viele Zuschauer spürten, dass dem Sumōtori Unrecht widerfahren war. Außerdem hatte er sich ihren Respekt verdient, denn er hatte wie ein echter Samurai auch nach seinem Abstieg in die Maegashira-Ränge nicht aufgegeben, sondern weitergekämpft bis zuletzt.

Das Ende kam 1997, und wieder war es das Turnier von Fukuoka, das die Entscheidung brachte. Nach seiner achten Niederlage am 13. Tag verkündete Konishiki seinen Rücktritt am Ende des Basho. Da ein Rikishi, der sich entschlossen hat zurückzutreten, nicht mehr in den Ring darf, wurden ihm die letzten beiden Abschiedskämpfe verwehrt und er musste am 14. Tag ganz offiziell seinen sofortigen Abgang verkünden. Eine große Karriere war zu Ende gegangen.

In Erinnerung an die »Schwarzen Schiffe« von Kommodore Perry erhielt Konishiki den Beinamen »zweites schwarzes Schiff«. Während Perry's Schiffe für Japan die Öffnung zur Welt bedeuteten, war es Konishiki, der für die »Gaijin«, die Ausländer, den Weg zum Yokozuna aufzeigte.

Privat hatte sich der Hawaiianer während seiner Sumō-Laufbahn in Japan bestens etabliert. Er heiratete im Februar 1992 das japanische Fotomodell Sumika Shioda. Auf der großen Hochzeitsfeier mit 1.200 geladenen Gästen befanden sich auch prominente japanische Politiker und viele Persönlichkeiten aus dem Showbusiness. Am 1. Februar 1994 erhielt der gebürtige Hawaiianer die japanische Staatsbürgerschaft und damit die Möglichkeit, selbst einen Sumō-Stall zu eröffnen. Seine Popularität blieb auch nach seinem Rücktritt ungebrochen. Noch im Jahre 1998 lagen seine Einnahmen durch Werbeverträge, unter anderem für japanischen Whiskey und Mini-Mobiltelefone, weit über denen der Spitzenverdiener der Makuuchi-Division. Kurz trug er sich mit dem Gedanken, ein eigenes Sumō-Team zu eröffnen, mittlerweile ist er aber zu einem erfolgreichen Geschäftsmann aufgestiegen.

Mit seinen Erfolgen hat Konishiki entscheidend dazu beigetragen, dass seine Landsmänner Akebono und Musashimaru bei ihren Ernennungen keinen Widerstand mehr erfuhren.

Im März 1991 hatte es übrigens zum ersten Mal in der Sumō-Geschichte ein Duell zweier nichtjapanischer Sumōtori in der Makuuchi-Liga gegeben. Akebono schlug im ersten offiziellen Aufeinandertreffen seinen Landsmann Konishiki, der allerdings alle anderen Kämpfe im folgenden Jahr gewann. Bald mussten sich die Japaner an Duelle, an denen nur Ausländer teilnahmen, gewöhnen, denn mit Musashimaru, alias Fiamalu Penitani, gab es einen weiteren hawaiianischen Rikishi in der Makuuchi-Division. Ihm gelang es als erstem Ausländer, den Titel in der Jūryō-Liga zu gewinnen.

2

Der Kampf

DER KAMPF

取組

Die Dohyō-Weihe findet einen Tag vor Turnierbeginn statt und wird von den Schiedsrichtern *(gyōji)* durchgeführt, die zu diesem Anlass weiße Roben der Shintō-Priester tragen. Die anwesenden Sumō-Funktionäre bekommen während der feierlichen Ringeinweihung Sake serviert.

Das Zusammenspiel von dynamischem Kampf und statisch wirkenden Ritualen macht einen besonderen Reiz des Sumō aus. Der im Verhältnis zu dem nur wenige Sekunden dauernden Kampf sehr aufwendig wirkende Ablauf der Rituale macht deutlich, wie wichtig diese für die psychologische Kampfführung und den Ausgang der Begegnung sind. Das wiederholte Salzwerfen, Aufstampfen und Anvisieren des Gegners übernimmt eine bedeutende Rolle im Kampfgeschehen. Aber nicht nur der Kampf selbst, auch das gesamte Äußere, wie der Aufbau des Ringes oder das Anlegen des Kampfgürtels *(mawashi)*, obliegt bestimmten Ritualen und streng vorgegebenen Regeln.

Symbole und Zeremonien

Die starke Verschmelzung von Religion und Sport beim Sumō ist bis heute erhalten geblieben und macht diesen urjapanischen Sport mit seinen vielen traditionellen Ritualen einzigartig. Wie tief verwurzelt Sumō in den Shintōismus ist, zeigt sich anhand der vielen traditionellen Riten rund um die Kämpfe, aber auch anhand des symbolträchtigen Äußeren. So stehen beispielsweise die vier

Foto re[chts]:
Shintō-Zeremonie zur Ringw[eihe]. Nach einigen Gebeten [zum] Schutze der Sumōtori wir[d der] Ring mit Sake gew[eiht]. In der Mitte werden Opferg[aben] vergraben. Dazu gehören N[üsse,] Kastanien, Reis, Seet[ang,] getrockneter Tintenfisch und S[alz].

Foto unten: Die weißen Papie[r]streifen *(gohei)* repräsentiere[n] im Shintōismus verschieden[e] Gottheiten.

DER KAMPF

取組

Ecken des Ringes (dohyō) als Symbol für das Weltall, sein innerer Kreis für unsere Welt. Das Dach (tsuriyane) über dem Dohyō erinnert an das Dach eines Shintō-Schreins und zeichnet den Ring als einen heiligen Ort aus. Die farbigen Kordeln in jeder Ecke des Daches symbolisieren die vier Jahreszeiten und Himmelsrichtungen, nach denen der Ring exakt ausgerichtet wird. Das Band für den Norden, es hängt an der Nord-West-Ecke, ist traditionsgemäß schwarz. Im Osten (Nord-Ost-Ecke) ist es grün, im Süden (Süd-Ost-Ecke) rot und im Westen (Süd-West-Ecke) weiß. Dabei symbolisiert der Norden den Winter, der Osten den Frühling, der Süden den Sommer und der Westen steht für den Herbst.

Es gibt zahlreiche traditionelle Bräuche in Japan, die auch in den Sumō-Ställen gepflegt werden. Das Foto zeigt Terao beim Reisschlagen, einem japanischen Neujahrsbrauch.

Vor den Turnieren findet die traditionelle Ringweihe statt, die am Morgen ein Tag vor Turnierbeginn von drei Ringrichtern (gyōji) in weißer Shintō-Priester-Robe vollzogen wird. In laut vorgetragenen Gebeten bittet man die Götter um faire und verletzungsfreie Kämpfe und bringt ihnen Opfer dar. In die Mitte des Ringes werden kleine Holzstöcke mit weißen gezackten Papierstreifen, sogenannten Gohei, gesteckt, die verschiedene Gottheiten repräsentieren. Diese »Gohei« werden im Shintōismus dazu verwendet, heilige Stätten zu kennzeichnen. Während der Zeremonie, der auch einige Mitglieder des Sumō-Verbands beiwohnen, werden vier Holzstöcke in die Ecken des Ringes gesteckt. Anschließend werden einige Opfergaben, wie Nüsse, Reis, Kastanien, Seetang, getrockneter Tintenfisch und Salz in der Mitte des Ringes vergraben. Sie sollen Glück bringen und den Ring freihalten von bösen Geistern. Mit Reiswein (sake) und Salz weiht man schließlich das Dohyō zum heiligen Ort. Frauen dürfen den Ring nicht betreten, sie würden diesen heiligen Ort »entweihen«.

Zum Schluss umkreisen einige Yobidashi (Ausrufer) mit großen Trommeln dreimal den Ring. Eine der Trommeln wird später dazu benutzt, täglich den Beginn und das Ende des Turniertages anzukündigen, was von einem hohen Turm (yagura) aus geschieht, der vor der Sumō-Halle errichtet wird. Die Yobidashi ziehen anschließend mit ihren Trommeln durch die benachbarten Stadtviertel und geben die Begegnungen der höchsten Ränge am ersten Turniertag bekannt – eine Tradition, die schon seit der Edo-Zeit (1603-1867) gepflegt wird.

Jedes Jahr im Februar feiert man in Japan das Setsubun-Fest, bei dem durch das Werfen von Bohnen die Geister des Winters vertrieben werden. Die Sumōtori vollziehen dieses Ritual an verschiedenen Schreinen des Landes. Auf den Fotos: Ōzeki Takanonami (rechts), Wakanohana (rechts oben) sowie Dejima (rechts unten), der 1999 sein erstes Basho in Nagoya gewann und zum Ōzeki befördert wurde.

DER KAMPF

取組

Kampfkleidung der Rikishi

Der Kampfgürtel *(mawashi)* besteht aus einem zirka neun Meter langen und 60 bis 70 Zentimeter breiten Stück Tuch aus grobem Leinen. Er wird in einer speziellen Bindetechnik um den Körper geschlungen und am Ende verknotet. Die Rikishi der vier unteren Divisionen tragen beim Wettkampf wie beim Training den gleichen Gürtel aus grobem Stoff. Die Rikishi der Jūryō- und Makuuchi-Liga tragen beim Training einen weißen Leinen-Mawashi, den sogenannten

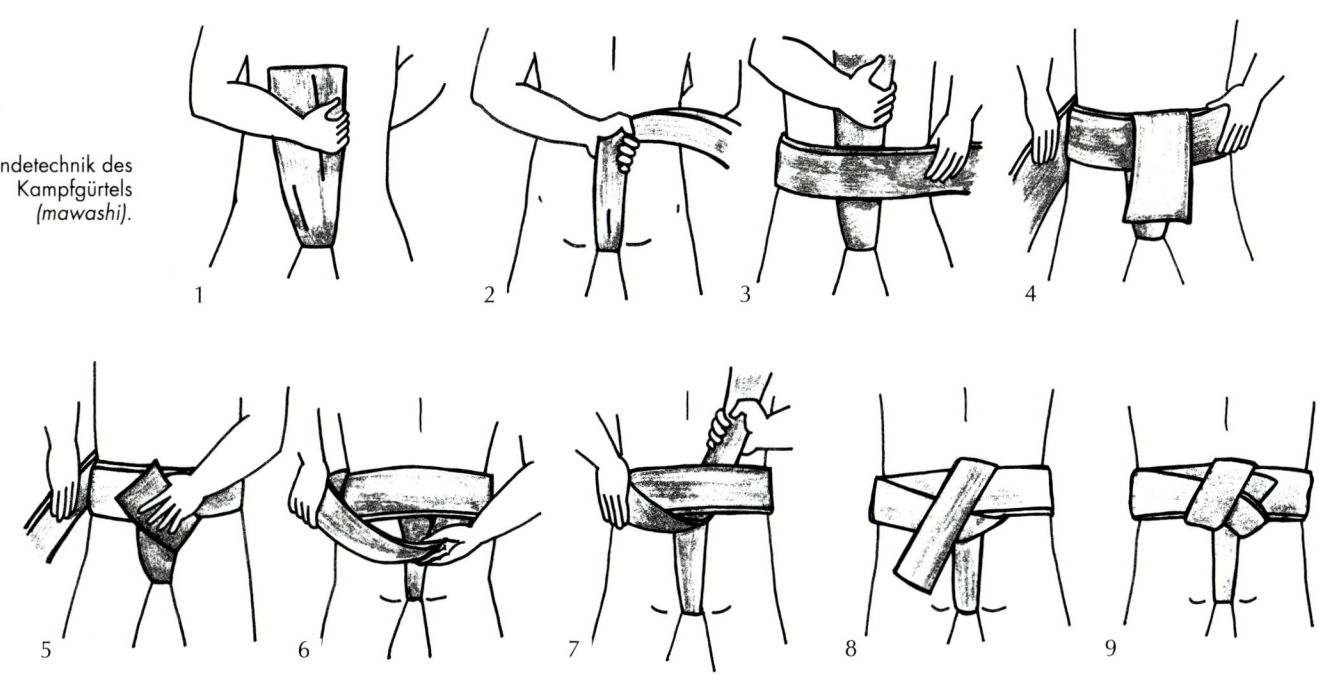

Bindetechnik des Kampfgürtels *(mawashi)*.

Keiko-mawashi, den sie bei offiziellen Wettkämpfen allerdings gegen einen farbigen Seidengürtel mit Zierfransen *(sawari)* tauschen. Die Farbe richtet sich nach dem individuellen Geschmack der Sumōtori und dient nicht zur Unterscheidung der Leistungsklassen wie beim Jūdō. Unter ihrem Kampfgürtel sind die Rikishi stets nackt.

Beim *Dohyō-iri*, der offiziellen Einmarsch-Zeremonie der obersten Ränge, tragen die Sumōtori sogenannte *Keshō-mawashi*, besonders prachtvoll verzierte Zierschürzen aus Brokatseide. Die sehr teuren *Keshō-mawashi* werden meist von Sponsoren gestiftet und besitzen oftmals Motive, die die Heimat des jeweiligen Rikishi oder ganz einfach seine Kampfkraft symbolisieren sollen. Häufig werden sie auch mit den Schriftzeichen der Präfektur, aus der der Sportler stammt, oder denen des Sponsors bestickt.

Fotos: Traditionelle Keshō-mawashi (Zierschürzen) mit individuellen Applikationen.

取組

Rikishi der Makuuchi-Division beim Dohyō-iri. Das Händeklatschen dabei die Aufmerksamkeit der Götter erregen. Die prunkvollen Ke mawashi aus Brokatseide kosten bis zu 100.000,- DM.

Fotos oben: Wenn der Kaiser anwesend ist, bilden die Sumōtc keinen Kreis, sondern stellen sich reihenweise vor dem Tennō a um ihm keinesfalls den Rücken zuzukehren.

Zum Höhepunkt eines jeden Turniertages gehört das Dohyō-iri des Yokozuna.

DER KAMPF

取組

Das typische Markenzeichen der Sumōtori ist ihr Haarknoten *(mage)*, zu dem die langen Haare gesteckt werden. Sobald ein Rikishi ins Profilager einsteigt, lässt er sein Haar wachsen. Es ist ein denkwürdiger Augenblick in seinem Leben, wenn er sich zum ersten Mal einen »Mage« binden lassen kann, erst dann fühlt er sich als echter Sumōtori. Zum Binden des Haarknotens steht bei Turnieren eigens ein Sumō-Friseur *(tokoyama)* zur Verfügung. Je höher der Rang des Sumōtori, desto kunstvoller ist sein Haarknoten. Er dient nicht nur als Schmuck, sondern auch als Schutz vor Kopfverletzungen. Während des Turniers tragen die Rikishi der obersten Ränge einen *Ō-ichō-mage*, der sehr kunstvoll gesteckt ist und der Form eines Ginkgo-Blattes nachgeahmt ist. Rangtiefere Sumōtori tragen den einfacheren *Chon-mage*.

Das Dohyō als Kampfarena

Den eigentlichen Sumō-Ring nennt man Dohyō. Er besteht aus einem runden flachen Hügel aus mehr als 30 Tonnen zusammengestampftem Lehm. Eine runde Kampffläche ist im Sport sehr selten. Wenn gekämpft wird, so eigentlich immer auf viereckigen Flächen, wie beispielsweise beim Jūdō, Boxen, Karate, Taekwondō usw. Auch Spielsportarten finden nahezu immer auf eckigen Feldern statt. Die einzige Ausnahme scheint das australische »Aussie Football« zu sein, das auf einem ovalen Feld gespielt wird. Der kreisförmige Ring im Sumō ist auf jeden Fall etwas Besonderes und unterstreicht die Einzigartigkeit des japanischen Nationalsports.

Aber die Form des Ringes ist nicht das einzige Auffallende. Seine Qualität hängt stark von der Art der Erde ab, aus der er gebaut ist. Als besonders gut gilt der sehr lehmhaltige Boden von den Ufern des Arakawa-Flusses in der Präfektur Saitama. Allerdings wird es immer schwieriger, diesen von dort zu bekommen, denn zuviel ist schon abgetragen worden. Daher hat man mittlerweile den Abbau auf die Präfektur Ibaraki ausgeweitet. Den richtigen Lehmboden zu bereiten, ist eine Kunst für sich. Er darf nicht krümeln, aber auch nicht kleben. Besonders schwierig ist es, wenn ein Turnier außerhalb Tōkyōs abgehalten wird.

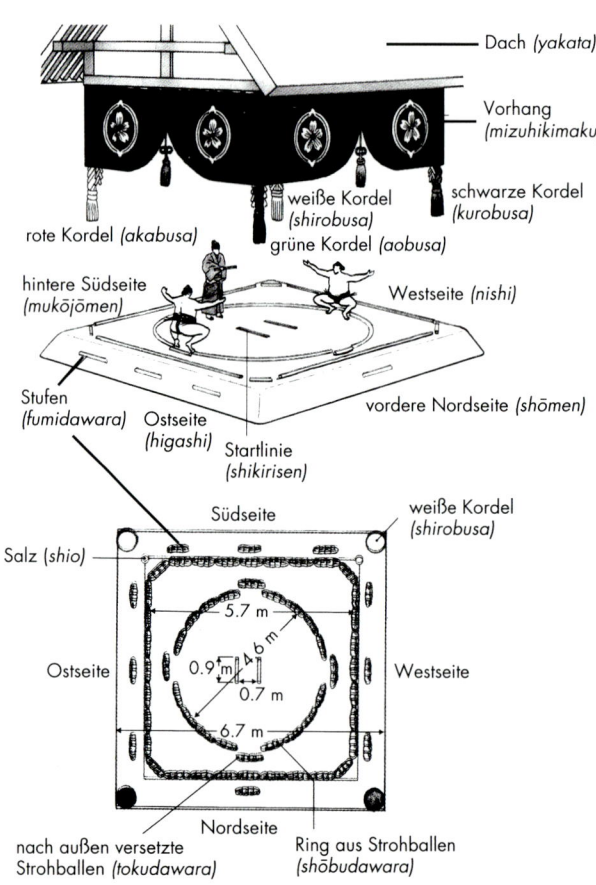

Der Ring *(dohyō)*

DER KAMPF

Der Ältestenrat des Sumō-Verbandes kontrolliert in diesem Fall die Qualität des Ringes und schickt einige Zeit vor Turnierbeginn Beobachter, die den Ring prüfen und gegebenenfalls eine Ausbesserung verlangen. In der Kokugikan in Tōkyō wird für ein Basho immer nur ein Drittel des Ringes erneuert, weil er nicht jedes Mal nach einem Turnier wieder abgebaut wird wie in den anderen Turnierhallen, sondern immer stehen bleibt. Aber auch für die Teilerneuerung werden für jedes Turnier acht Tonnen Erde benötigt. Bei den regionalen Schaukampftourneen, die zwischen den sechs Hauptturnieren *(honbasho)* im Jahr stattfinden und nur ein paar Tage dauern, wird das Fundament aus Kästen zusammengebaut, um Sand zu sparen.

Einmarsch der Rikishi der Makuuchi-Division.

Der Ring hat einen Durchmesser von 4,55 Metern. Begrenzt ist er durch 20 kleine Strohballen, die mit Sand gefüllt und in den Lehmboden eingelassen sind, wobei nur deren oberer Rand aus dem Lehm sichtbar emporragt und somit die Linie bildet. Diese kreisförmige Kampffläche liegt auf einem Lehmpodest in einem 5,70 Meter großen Quadrat, dessen Sockel nach unten hin in ein 6,70 Meter großes Quadrat auseinander läuft. Auf jeder Seite sind kleine Stufen eingelassen, die die Sumōtori zum Besteigen des Ringes benutzen. Dabei treten alle Rikishi von der obersten Stufe direkt in den Ring, ohne den Raum zwischen Ring und Quadratbegrenzung zu betreten. Auch die Linien des oberen Vierecks sind mit in den Boden eingelassenen Strohballen gekennzeichnet. Zwei parallele weiße Linien in der Mitte des Ringes kennzeichnen die Aufstellung beim Kampf. Das Dach über dem Dohyō ähnelt dem eines Shintō-Schreins und zeichnet den Sumō-Ring als einen heiligen Ort aus.

Dohyō-iri – Der zeremonielle Ringeinmarsch

An jedem der 15 Turniertage findet gegen 15 Uhr das *Dohyō-iri* statt, der formelle Einmarsch der Sekitori (Rikishi der Jūryō- und Makuuchi-Liga). Dabei handelt es sich um eine Zeremonie, bei der nacheinander die einzelnen Gruppen von Sumōtori - in Ost und West unterteilt - mit ihren prachtvollen Zierschürzen *(keshō-mawashi)* bekleidet den Ring beschreiten und ein besonders

Ablauf des Dohyō-iri der Sekitori (Rikishi der bezahlten Ränge).

DER KAMPF

取組

Ritual absolvieren. Sie bilden einen Kreis mit dem Rücken zum Publikum, dann drehen sie sich um, klatschen in die Hände, heben den rechten Arm, liften kurz ihren Keshō-mawashi und erheben beide Arme. In Anwesenheit des Tennō bei einem Turnier bilden die Sumōtori keinen Kreis, sondern stellen sich reihenweise hintereinander auf, damit niemand dem Kaiser den Rücken zuwendet.

Höhepunkt ist der Einmarsch der Yokozuna, wobei zunächst einer von ihnen in Begleitung des ranghöchsten Schiedsrichters (tate-gyōji) und zwei Sumōtori unterer Ränge, dem sogenannten *Tachi-mochi* (Schwertträger) und dem *Tsuyu-harai* (wörtlich: »Taufeger«) den Ring betritt. Über seinem Keshō-mawashi trägt der Yokozuna ein dickes geflochtenes weißes Hanfseil *(tsuna)*, das zwischen 12 und 18 Kilogramm wiegt und nach hinten verknotet ist. Es wird vor Beginn des Turniers in einer speziellen Zeremonie gefertigt, die man *Tsunauchi-shiki* nennt. Am vorderen Teil ist der Hanfgürtel mit weißen gezackten Papierstreifen *(gohei)* verziert, die nach shintōistischem Glauben etwas Göttliches kennzeichnen. Während der Schiedsrichter und die beiden anderen Rikishi in Hockstellung verharren, absolviert der Yokozuna würdevoll das feierlich anmutende Ritual. Er klatscht in die Hände, um die Aufmerksamkeit der Götter zu erregen, eine in Japan übliche Sitte, bevor man einen Schrein betritt. Dann streckt er seine Arme beidseitig in die Höhe und kehrt seine Handflächen nach oben, um zu zeigen, dass er keine Waffen trägt. Er hebt nacheinander jedes Bein zur Seite hoch und stampft jedes Mal ganz fest mit dem Fuß auf den Boden.

Es gibt zwei Arten, das weiße Seil des Yokozuna-Gürtels zu binden. Beim *Shiranui*-Stil wird das Seil mit zwei Schlaufen verknotet (hier nicht abgebildet), während beim *Unryū*-Stil (Fotos unten) nur eine Schlaufe verwendet wird. Auch bei der Durchführung des Dohyō-iri gibt es entsprechend zwei unterschiedliche Formen. Beim *Shiranui*-Stil streckt der Yokozuna in Hockstellung beide Arme zur Seite, beim *Unryū*-Stil nur den rechten Arm, während er den linken an die Hüfte legt. Das Ausstrecken des Arms symbolisiert dabei eine offensive Haltung, das Anlegen des Arms eine defensive.

Ablauf des Dohyō-iri des Yokozuna.

Mit diesem Stampfen sollen alle bösen Geister aus dem Ring vertrieben werden. Nach der Zeremonie verlässt er zusammen mit seinen Begleitern den Ring. Die anderen Yokozuna betreten den Ring und wiederholen die Zeremonie.

Shikiri – Das Vorwettkampfzeremoniell

Nach dem Dohyō-iri kehren die Rikishi zurück in die Umkleidekabinen, die *Shitakubeya*, legen ihren Keshō-mawashi ab, ziehen ihren Kampfgürtel an und warten dort auf ihren Einsatz. Für jede Gruppe, Ost und West, gibt es einen großen Gemeinschaftsraum, der mit *Tatami*, japanischen Reisstrohmatten, ausgelegt ist. Auf zwei Monitoren können die Sumōtori die Kämpfe verfolgen, während noch einmal die Frisuren gerichtet werden, oder man sich die Zeit mit Kartenspielen vertreibt. Wenn es an der Zeit ist für den Auftritt im Ring, begibt sich der Rikishi über einen Gang zwischen den Zuschauertribünen, den sogenannten *Hanamichi*, zum Ring. Zwei Kämpfe vor seinem eigenen nimmt er am Ring Platz. Die Rikishi der Makuuchi-Division besitzen ihr eigenes Kissen, das ihnen von einem *Tsukebito*, einem Sumō-Lehrling, gebracht wird. Dort wartet der Rikishi, bis der Ausrufer *(yobidashi)* schließlich seinen Namen aufruft.

Takanohana und Akebono im Yukata (japanischer Baumwollkimono).

Jeder neu ernannte Yokozuna präsentiert sein erstes Dohyō-iri am Meiji-Schrein in Tōkyō vor Tausenden von Zuschauern.

Nachdem der Yobidashi den Ring verlassen hat, besteigen die beiden Rikishi das Dohyō, verbeugen sich voreinander und begeben sich direkt in ihre Ecken. Der Gyōji verkündet noch einmal die Namen der Rikishi, die unterdessen schon mit dem Vorwettkampfzeremoniell, dem sogenannten *Shikiri*, beginnen. Zunächst klatschen sie ihre Hände gegeneinander, heben den rechten Fuß in die Luft und

Die Makuuchi-Division auf dem Weg zum Dohyō-iri am Ise-Schrein.

Takanohana bei seinem ersten Dohyō-iri am Tōkyōter Meiji-Schrein. Links neben ihm sein Bruder Wakanohana, rechts Takanonami.

DER KAMPF

取組

stampfen ihn anschließend kräftig auf den Boden. Das Gleiche erfolgt mit dem linken Fuß. Dieses Stampfen nennt man *Shiko*. Es soll nicht nur böse Geister aus dem Dohyō vertreiben, sondern auch die Beinmuskulatur auf den Kampf vorbereiten.

Zur Vorbereitung auf den eigentlichen Kampf vollziehen die Rikishi auch einige Reinigungsrituale. Da die Kämpfe nach shintōistischem Glauben in Gegenwart der Götter abgehalten werden, müssen die Sumōtori das Dohyō mit reinem Körper und Geist betreten. Dazu dienen Reinigungsrituale mit Wasser und Papier. Bei den Duellen ab der Jūryō-Liga aufwärts wird den Sekitori in einer Kelle stärkendes Wasser, das sogenannte *Chikara-mizu*, gereicht. Es wird allerdings nicht hinuntergeschluckt, sondern nach Ausspülen des Mundes wieder ausgespuckt. Da das Wasser nicht nur reinigende Wirkung hat, sondern auch Glück bringen soll, wird es dem Rikishi von dem Sieger des Vorkampfes gereicht. Hat sein Vorgänger den Kampf verloren, bekommt der Rikishi das Wasser von seinem Nachfolger. Eine kleine Ausnahme gibt es, wenn der letzte Rikishi in den Ring steigt und sein Vorgänger verloren hat. Dann muss der Sumōtori aus dem Kampf zuvor das »Chikara-mizu« reichen. Hat auch der seinen Kampf verloren, kommt ein Begleiter aus dem jeweiligen Team, um das Ritual zu vollziehen. Nachdem der Mund mit Wasser ausgespült ist, reiben sich die Rikishi mit dem sogenannten *Chikara-gami*, dem reinigenden und stärkenden Papier, symbolisch den Schweiß vom Körper oder trocknen sich damit die Achselhöhlen.

Salz *(shio)* hat im Sumō eine ganz besondere Bedeutung. Ab der Makushita-Division, der dritthöchsten Liga, dürfen die Rikishi das Reinigungsritual mit Salz vollziehen. Jedes Mal, wenn ein Sekitori den Ring betritt, wirft er Salz auf den Boden. Nach shintōistischem Glauben vertreibt Salz die bösen Geister und besitzt ebenfalls reinigende Wirkung. Darüber hinaus dient es dazu, etwaige Wunden und Schrammen der fast nackten Rikishi zu desinfizieren. Es ist

Nachdem die Rikishi den Ring betreten haben, beginnen sie mit dem Vorbereitungszeremoniell. »Kraftwasser« *(chikara-mizu)* und »Kraftpapier« *(chikara-gami)*, die vom Nachfolger bzw. Vorgänger gereicht werden, dienen der rituellen Reinigung für den Kampf.

DER KAMPF
取組

Oben: Mitoizumi trägt den Spitznamen »der Salzstreuer«. Der 1,93m große Rikishi, der inzwischen in die Jūryō-Liga abgestiegen ist, war wegen der Salzmassen, die er mit Begeisterung in den Ring schleuderte, immer einer der großen Publikumslieblinge.
Oben links: Takanohana beim *Shiko*.
Links: Mit den Handflächen nach oben gerichtet zeigt Kotonowaka (hinten) an, dass er einen fairen Kampf ohne Waffen führen will.
Unten li.+re.: Die Rikishi haben den Ring betreten und beginnen mit dem Vorbereitungszeremoniell *(shikiri)*.

DER KAMPF

取組

immer wieder spannend zu beobachten, wie unterschiedlich die Sumōtori mit dem Salz umgehen. Die Salzfontänen, die der mittlerweile in die Jūryō-Liga abgestiegene, 1,93 Meter große Mitoizumi in die Luft hoch schleudert, reißen das Publikum immer wieder zu Begeisterungsstürmen hin. Das hat ihm übrigens beim Turnier in London den Spitznamen »Salzstreuer« eingebracht.

Dagegen »knallt« der ebenfalls in die Jūryō-Liga abgestiegene Asanowaka immer eine große Hand voll Salz auf den Ringboden. Wieder andere werfen mit der Rückhand zur Seite, oder nur ein paar wenige Körner, die kaum zu sehen sind. Manche reiben sich auch mit dem Salz die Brust ein oder nehmen eine Prise davon in den Mund. Es gibt jedenfalls sehr unterschiedliche Techniken und jeder Sumōtori entwickelt im Laufe seiner Karriere eine ganz spezielle Art und Weise. Ein Limit für die Menge, die man streuen darf, existiert nicht. Nur während des Zweiten Weltkrieges wurde zwischenzeitlich eine Begrenzung eingeführt, weil Salz knapp war. Zuviel Salz zu streuen, galt damals als unpatriotisch. Insgesamt werden pro Turniertag 40 Kilogramm Salz verbraucht, pro Basho also insgesamt ungefähr 600 Kilogramm.

Nach den Reinigungsritualen geht jeder Rikishi entweder nach Osten oder Westen auf seine Seite. Beide gehen in die Hocke, stellen sich auf die Zehenspitzen und klatschen dabei in die Hände, womit die Aufmerksamkeit der Götter erregt werden soll. Danach strecken die Sumōtori die Arme zur Seite aus und drehen dabei die Handflächen nach oben. Damit zeigen sie, dass sie keine Waffen tragen und einen fairen Kampf führen wollen. Dieses Ritual nennt man auch *Chirichōzu*.

Niramiai – Der Psycho-Showdown

Die Sumōtori nähern sich nun der Mitte des Ringes, hocken sich auf den Boden und gehen fast in die Startposition zum Kampf. Dabei taxieren sie ihren Gegner unentwegt. Durch sicheres, selbstbewusstes Auftreten und durchdringende Blicke soll der Gegner eingeschüchtert werden. Sie stehen mehrmals wieder auf und nicht selten kommt es dabei vor, dass beide dabei einen Schritt nach vorne kommen und sich jetzt mit Bauchkontakt gegenüberstehen, um sich aus einem Abstand von nur wenigen Zentimetern einige Sekunden lang direkt in die Augen zu sehen. Diese eher psychologische Kampfvorbereitung nennt man *Niramiai*.

Kurz vor dem Start. Takanohana (li.) und Akebono (re.) beim Anvisieren. Das sogenannte *Niramiai* gilt als psychologische Kampfführung und spielt beim Sumō eine bedeutende Rolle.

Großes Foto: Ein konzentrierter Akebono kurz vor dem Kampf.
Links oben: Takanohana (li.) und Musashimaru (re.) beim Vorkampfzeremoniell.
Links Mitte: Takatōriki ist einer der aggressivsten Rikishi der Makuuchi-Division.
Links unten: Die Ruhe vor dem Sturm. Takanohana (hinten) in ruhiger Gelassenheit.
Rechts unten: Wakanohana (re.) taxiert seinen Gegner.

DER KAMPF

取組

Schließlich kehren die Sumōtori in ihre Ecken zurück, werfen wieder Salz und treten dann zur Startlinie vor. Auch dabei haben sie stets den Gegner im Auge. Dieses Ritual vollzieht sich im Durchschnitt zwischen drei- bis fünfmal pro Kampf. Die Rikishi versuchen, ihre Bewegungen zu synchronisieren, so dass sie im gleichen Rhythmus sind wie ihr Gegner. Sie kommen gleichzeitig in den Ring, vollziehen ihr »Shiko« (Heben und Aufstampfen der Beine) zusammen, gehen gemeinsam in die Hocke und klatschen miteinander in die Hände. Die Konzentration auf den Beginn des Kampfes wird immer größer, ihr Blick ist nur noch auf das Ziel, den Gegner, gerichtet, nichts anderes mehr wird wahrgenommen. In dieser Phase beginnen die Rikishi sogar, synchron zu atmen.

Viele ausländische Zuschauer empfinden dieses ständige Wiederholen des »Niramiai« als eher langweilig. Doch bei dieser psychologischen Kampfführung werden nicht wenige Kämpfe bereits entschieden. In früheren Zeiten gab es kein Zeitlimit für die Vorwettkampfrituale. Die Sumōtori konnten dann anfangen, wenn sie selbst meinten, mental gut eingestimmt zu sein für den Kampf. Das konnte dann durchaus schon einmal 30 Minuten dauern, bis beide bereit zum Kämpfen waren. Mit Beginn der Radioübertragungen wurde die Zeremonie der Vorbereitung erstmals zeitlich begrenzt. Den Rikishi der Makuuchi-Division wurden zehn Minuten zugebilligt, in der Jūryō-Liga mussten sieben Minuten reichen und in den Rängen darunter begnügten sich die Sumōtori mit fünf Minuten. Heute sind die Zeiten für das Vorwettkampfzeremoniell wegen der Fernsehübertragungen noch stärker begrenzt. Der Makuuchi-Division stehen jetzt noch vier Minuten zur Verfügung, der Jūryō drei und den unteren Klassen von Jonokuchi bis Makushita lediglich zwei Minuten.

Der Tachiai

In der Konzentrationsphase vor dem Wettkampf beobachtet der Schiedsrichter (gyōji) die Kontrahenten sehr genau. Wenn beide Rikishi frühzeitig bereit sind zu kämpfen, kann er den Kampf schon eher (jikan mae) freigeben. Dazu müssen sich die Kontrahenten per Blickkontakt verständigen. Meistens aber schöpfen die Sumōtori die ihnen zustehende Zeit zum Aufwärmen und für das Niramiai voll aus. Danach gibt der Gyōji mit dem entsprechenden Kommando, »Matta nashi« oder »Seigen jikan«, den Rikishi zu verstehen, dass die Zeit abgelaufen ist. Während er vorher seitlich zu den Sumōtori stand und seinen Schiedsrichterschild (gunbai) mit ausgestrecktem Arm nach vorne hielt, steht er jetzt frontal zu den Akteuren und hält den Gunbai vor seinen Körper.

Akebono (hinten) hat seinen Gegner fest im Visier.

Sobald der Schiedsrichter sein Kommando ausgesprochen hat, müssen die Sumōtori das Vorwettkampfzeremoniell beenden. Wer jetzt den Ring verlässt, hat den Kampf verloren. Die Kontrahenten nehmen ihre Startposition ein. Nun stehen sie vor dem wichtigsten Moment des Kampfes, dem *Tachiai*, dem explosiven Start aus der Hocke mit einem kraftvollen Aufprall. Für den Tachiai bedarf es keines speziellen Kommandos

DER KAMPF

des Gyōji. Die Sumōtori dürfen beginnen, sobald sie mit beiden Fäusten den Boden berührt haben.

In den 70er Jahren bis Mitte der 80er wurde diese Regel weniger streng gehandhabt. Die Rikishi gingen teilweise in den Kampf, ohne auch nur eine einzige Faust auf dem Boden gehabt zu haben. Im Jahre 1984 wurde die Regel genauer festgelegt. Die Rikishi mussten jeweils mit beiden Fäusten den Boden berühren, durften dann aber wieder eine hochnehmen, um mit nur einer Hand auf der Erde zu starten. Im Jahre 1998 wurde die Regel dann nochmals verschärft. Seither müssen die Sumōtori beim Start mit beiden Fäusten den Boden berühren, was jedoch zu einigen Fehlstarts führte. Für den Kampfrichter muss die vorgeschriebene Startposition gut erkennbar sein. Viele Sumōtori versuchen jedoch, die zweite Faust nur über die Erde streifen zu lassen, um auf diese Weise überfallartig in den Tachiai zu gehen. Ist der Gyōji der Meinung, dass diese Bodenberührung zu flüchtig war, stoppt er den Kampf sofort mit einem »Matta« (auf Deutsch: »Wartet!«) und fordert beide Kontrahenten auf, noch einmal zu beginnen.

Viele Sumōtori versuchen, mit einem Blitzstart den Überraschungsmoment auszunutzen, und riskieren dabei Fehlstarts. Mittlerweile ist es keine Seltenheit, dass ein Kampf dreimal neu gestartet werden muss. Bis zum Jahre 1998 war ein Fehlstart teuer. Der schuldige Rikishi musste in der Makuuchi-Division jedes Mal umgerechnet zirka 1.500 Mark bezahlen, in der Jūryō-Liga etwa die Hälfte. Mit Verschärfung der Regel sind die Strafgelder schließlich weggefallen.

Besonders berühmt für seinen perfekten Tachiai war Yokozuna Futabayama, der von 1927 bis 1937 kämpfte. Während seiner ganzen Karriere soll er nicht einen einzigen Fehlstart verursacht haben. Von einem Yokozuna erwartet man ohnehin einen fehlerlosen Tachiai. Ein guter Tachiai wird kraftvoll und explo-

<u>Links:</u> Kurze Zeit vor dem »Tachi-ai«. Der Gyōji hat den Kampf noch nicht freigegeben, was durch seine Körperhaltung erkennbar ist. Er steht seitlich zu den Rikishi und hält auch seinen Schild (gunbai) noch nicht in der richtigen Position.

<u>Unten:</u> Der Gyōji hat den Kampf freigegeben. Einen Augenblick später springen die Rikishi in den »Tachiai«.

DER KAMPF

取組

siv durchgeführt. Die zeitweise etwas schwerfällig wirkenden Sumōtori entwickeln dabei Geschwindigkeiten, die man ihnen gar nicht zugetraut hätte. Der frühere Yokozuna Chiyonofuji war einer der schnellsten Starter. Sein Tachiai war wissenschaftlichen Messungen zufolge genauso schnell wie der Start des früheren 100-Meter-Weltrekord-Läufers Carl Lewis.

Ein guter Tachiai ist die beste Voraussetzung für den Sieg. Bei dem heftigen Aufprall gilt es, den Gegner möglichst so aus dem Gleichgewicht zu bringen, dass

Wenn auf einen Kampf Preisgelder von Sponsoren ausgesetzt sind, werden Werbeflaggen durch den Ring getragen.

man gleich einen Griff ansetzen kann, der die Entscheidung bringt. Der ideale Tachiai muss von beiden gleichzeitig ausgehen. Für die Rikishi kommt es darauf an, sich im richtigen Moment aufzurichten. Kommen sie zu früh hoch, werden sie schnell an ihrem Körperschwerpunkt getroffen und geraten aus dem Gleichgewicht. Bleiben sie zu lange unten, besteht die Gefahr, vom Gegner zu Boden gedrückt zu werden. Verglichen mit der Zeit, die das Vorwettkampfzeremoniell beansprucht, geht ein Kampf in der Regel sehr schnell vorbei. Oft dauert es nur wenige Sekunden bis die Entscheidung gefallen ist.

Kenshō-kin – Preisgelder

Während die Rikishi sich beim Vorwettkampfzeremoniell *(shikiri)* auf ihr Duell vorbereiten, tragen die Yobidashi (Ausrufer) Werbefahnen von Sponsoren rund um das Dohyō. Die Fahnen sind ungefähr 1,20 Meter lang und 60 Zentimeter breit. Von dem Geld, das die Sponsoren dafür zahlen, gehen etwa 10 Prozent direkt an den Sumō-Verband, 40 Prozent behält dieser aus steuerlichen Gründen ein. Diesen Anteil bekommen die Rikishi am Ende des Jahres wieder zurück, wenn die Steuererklärung ansteht. Die Reglementierung war nötig geworden, weil viele Rikishi das Geld bar ausgezahlt bekommen und meist gleich wieder ausgegeben hatten. Die restlichen 50 Prozent sind sogenanntes

Tamakasuga bekommt nach seinem Kampf vom Schiedsrichter einen Umschlag mit Sponsorengeldern *(kenshō-kin)* überreicht.

DER KAMPF

取組

Kenshō-kin, Siegesgeld, das dem Sieger am Ende des Kampfes in einem Umschlag vom Gyōji auf dem Schiedsrichterschild *(gunbai)* überreicht wird.

Unmittelbar nach Ende einer Begegnung zeigt der Gyōji mit seinem Gunbai auf die Seite des Siegers. Auch wenn die Rikishi zur gleichen Zeit zu Boden kommen, muss er sich für einen Sieger entscheiden. Falls die Außenrichter *(shinpan)* mit seinem Urteil nicht einverstanden sind, treten sie zu einer Beratung im Ring zusammen, dem sogenannten *Mono-ii*. Sie haben drei Möglichkeiten zu entscheiden:

1. Sie stimmen dem Urteil des Gyōji zu *(gunbai-dōri)*.
2. Sie erklären den anderen Rikishi zum Sieger *(sashi-chigai)*.
3. Sie setzen eine Wiederholung des Kampfes an *(tori-naoshi)*.

In der Makuuchi-Division gibt es außerdem einen Videoraum, in dem einige Schiedsrichter sitzen, die sich bei zweifelhaften Entscheidungen den Kampf noch einmal ansehen und den obersten Shinpan per Ohrhörer informieren können. Dieser teilt dann das Urteil über Mikrofon den Zuschauern in der Halle mit. Im Gegensatz zum Gyōji ist die Entscheidung der Shinpan endgültig und kann nicht später noch einmal korrigiert werden.

Die Rikishi begeben sich nach ihrem Kampf auf ihre Seite. Ob Sieg oder Niederlage gilt es jetzt, keine Gefühle zu zeigen. Während in anderen Sportarten der Jubel zelebriert wird, kann man dem Gesicht eines Sumōtori eigentlich nie anmerken, ob er gewonnen oder verloren hat. Der Verlierer verlässt nach einer Verbeugung den Ring. Der Sieger bleibt in Hockstellung im Ring und wartet, bis der Gyōji ihm das *Kenshō-kin*, die Umschläge mit den Siegesgeldern, auf dem Gunbai (Schiedsrichterschild) überreicht.

Wenn der Sieger eines Kampfes ein Preisgeld *(kenshō-kin)* vom Schiedsrichter überreicht bekommt, geht er in Hockstellung und »schneidet« mit der Hand gleichsam wie mit einem Schwert symbolisch nach rechts, links und durch die Mitte. Dieses sogenannte *Tegatana* gleicht einer Art des Segnens und dient der Danksagung an die Götter.

Bevor der Sieger die Briefumschläge in Empfang nimmt, dankt er den Göttern mit einer Handbewegung, die einem Segnen ähnlich sieht. Dabei symbolisiert er mit der Hand ein schneidendes Schwert. Diesen Vorgang nennt man »*Tegatana o kiru*«. Falls keine Sponsorengelder auf den Kampf ausgesetzt sind, dankt der Rikishi den Göttern, indem er seine rechte Hand von innen waagerecht nach außen schwenkt. Danach verlässt der Sieger den Ring und wartet in der Ecke, um dem nachfolgenden Rikishi auf seiner Seite das stärkende Wasser *(chikara-mizu)* zu reichen.

Das seit jeher meiste Kenshō-kin in einem Kampf gab es bei einer Begegnung im Jahre 1964. Bei einem Duell von Yokozuna Taihō gegen Ōzeki Tochinoumi wurden 26 Werbefahnen um den Ring getragen, und somit bekam Taihō als Sieger des Kampfes schließlich 26 Umschläge mit Preisgeldern. Meist geht ein Raunen durchs Publikum, wenn viele Fahnenträger den Ring betreten, denn dann wissen die Zuschauer, dass ein spannendes Duell folgt. Die Höhe des Kenshō-kin hängt dabei stark ab von der Popularität eines Rikishi. Im Jahre 1975 gewann Takanohana beispielsweise insgesamt 525 Kenshō-kin.

DER KAMPF

取組

Das Sponsoring ist übrigens keine Erfindung der Neuzeit. Bereits in der Edo-Zeit (1603-1867) war es besonders populär in Ōsaka und Kyōto. Während des Zweiten Weltkrieges erhielten die Sumōtori auch Nahrungsmittel und Bekleidung anstelle von Geld.

Die Sumō-Hierarchie

Die Rangfolge beim Sumō ist streng hierarchisch. Der Aufstieg in den nächsthöheren Rang gestaltet sich schwierig. Anders als üblich in der japanischen Gesellschaft, wo Alter und Berufsjahre den Zeitpunkt der Beförderung bestimmen, entscheidet beim Sumō einzig und allein die Zahl der Siege. Gewinnt ein Rikishi mehr als die Hälfte seiner Kämpfe, wird er befördert. Überwiegt die Zahl der Niederlagen, steigt er ab. Anders ist es nur bei der Beförderung zum Ōzeki oder Yokozuna, über die letztlich der japanische Sumō-Verband entscheidet.

Insgesamt gibt es zur Zeit etwa 800 professionelle Sumōtori, die in sechs Ligen eingeteilt sind. An der Spitze stehen die Yokozuna, an der Basis die Jonokuchi- und Jonidan-Division. Darunter gibt es noch die Maezumō-Ebene, eine Art Vorstufe zum professionellen Sumō, in die zunächst alle Neulinge eintreten. In ihrem ersten Turnier kämpfen Maezumō-Athleten nur gegeneinander. Im nächsten Basho erscheinen ihre Namen dann zum ersten Mal auf der offiziellen Rangliste *(banzuke)* unterhalb der Jonokuchi-Division. Oberhalb der Maezumō-Ebene sind die Ranggruppen in Ost und West aufgeteilt, wobei die Ostgruppe ein wenig höher angesehen ist als die Westgruppe. Außerdem sind bis zum Rang der Maegashira die Ränge durchnummeriert.

Um nun in der Tabelle aufzusteigen, braucht ein Sumōtori eine positive Kampfbilanz in einem Turnier, ein sogenanntes *Kachi-koshi*. In der Jonokuchi- bis zur Makushita-Liga, der dritthöchsten Klasse, muss jeder Rikishi pro Turnier sieben Kämpfe bestreiten. Mindestens vier Siege bedeuten hier also ein »Kachi-koshi«. Damit rückt man in der Banzuke auf. Wenn man es dann bis an die Spitze einer Liga gebracht hat, steigt man mit einem weiteren »Kachi-koshi« in die nächsthöhere Division auf. Ab der Jūryō-Liga müssen die Rikishi dann 15 Kämpfe pro Turnier bestreiten. Ein »Kachi-koshi« erreicht man hier ab acht Siegen.

Die Makuuchi-Division ist die einzige Klasse, in der es für die Rikishi noch besondere Rangeinteilungen gibt. Sie gliedert sich in den Maegashira-Rang, die drei *Sanyaku*-Ränge, nämlich Komusubi, Sekiwake und Ōzeki, und den Rang des Yokozuna. Ein Abstieg in den nächst niedrigeren Rang folgt immer dann, wenn man mit einem *Make-koshi* abschneidet. In den unteren Ligen bedeutet das vier Niederlagen und mehr, ab der Jūryō-Liga beginnt das *Make-koshi* bei acht verlorenen Kämpfen. Wer mit einem hohen *Make-koshi* abschneidet, zum Beispiel mit 5-10, kann auch vom Sekiwake direkt in die Maegashira-Ränge abgestuft werden.

Verletzt sich ein Sumōtori bei einem Kampf während des Turniers und kann nicht mehr weitermachen, werden die noch ausstehenden Kämpfe als verloren gewertet. Im nächsten Basho darf er dann verletzungsbedingt aussetzen ohne degradiert zu werden. Anders verhält es sich, wenn ein Sumōtori sich im Training oder bei einem Schauturnier verletzt. Kann er dann beim nächsten Basho nicht

DER KAMPF

antreten, wird dies mit 0-15 gewertet. Das ist der Grund, warum viele Rikishi ihre Verletzungen nie richtig auskurieren, da sie Angst haben abzusteigen.

Um in den Rang eines Ōzeki aufzusteigen, bedarf es mehr als nur eines einfachen *Kachi-koshi* im Rang eines Sekiwake. Die Anforderungen sind hier sehr hoch. Von 400 Sumōtori schafft durchschnittlich einer den Aufstieg zum Ōzeki, der nur durch eine lang anhaltende konstante Leistung erreicht werden kann. Die Voraussetzung dafür sind 33 Siege in drei Turnieren hintereinander, das bedeutet im Durchschnitt elf Siege pro Turnier. Eines der besten Resultate der letzten Jahre gelang Wakanohana, der mit 14-1, 10-5 und 13-2 insgesamt auf 37 Siege in drei Turnieren kam. Die letzte Beförderung zum Ōzeki erreichte Dejima im Juli 1999, nachdem er das Nagoya-Basho mit einem 12-3 gewann. Wer es bis zum Ōzeki geschafft hat, kann sich ein negatives Kampfresultat leisten. Zurückgestuft wird man erst nach zwei »Make-koshi« hintereinander.

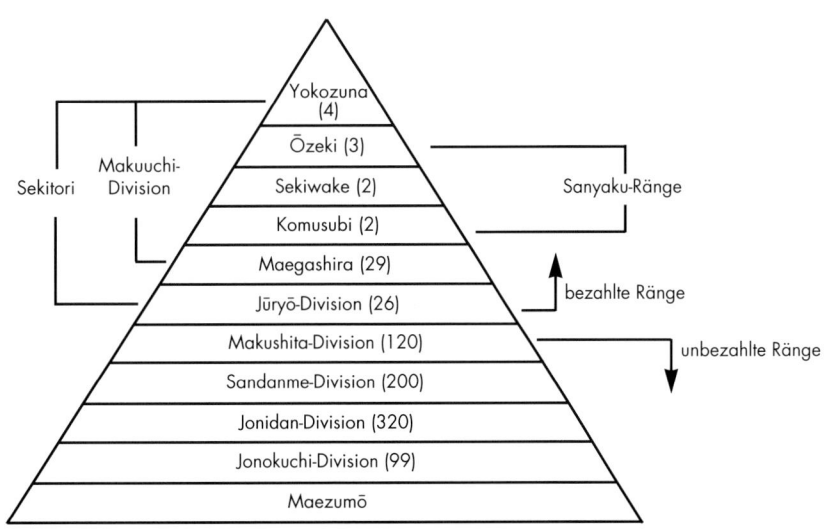

Die Sumō-Hierarchie (die Zahlen in Klammern geben die Anzahl der Rikishi an, die diesen Rang bekleiden, Stand 9/99). Die Zahl der Rikishi in der Makuuchi-Division ist auf 40 festgelegt.

Nur einer von 800 Sumōtori schafft die Beförderung zum Yokozuna, dem allerhöchsten Rang in der Sumō-Welt. Mit diesem Titel geht man in die Annalen ein, macht sich unsterblich. Seit dem 15. Jahrhundert erreichten bisher 67 Rikishi die hohe Auszeichnung eines Yokozuna, zuletzt im Juli 1999 der Hawaiianer Musashimaru. Neben überdurchschnittlichen kämpferischen Leistungen und mindestens zwei aufeinanderfolgenden Turniersiegen ist das persönliche Auftreten, ein vorbildlicher Charakter sowie eine Geisteshaltung im Sinne der Sumō-Kyōkai von größter Bedeutung für die Beförderung eines Ōzeki in den Rang des Yokozuna. Ein Yokozuna wird in Japan wie ein Gott verehrt und muss sich demzufolge auch seiner Position angemessen würdevoll verhalten. Weniger als die Hälfte aller Ōzeki erreicht den Yokozuna-Rang.

Hat sich das Auswahlgremium der Sumō-Kyōkai auf die Ernennung eines bestimmten Rikishi zum Yokozuna geeinigt, besuchen zwei Oyakata das jeweilige Heya, um den Auserwählten offiziell zu ernennen. Dies ist mit einer kurzen Zeremonie verbunden, in der sich der neu erwählte Yokozuna in Begleitung

DER KAMPF

取組

Alle Rikishi sind auf der offiziellen Rangliste, der *Banzuke* aufgeführt.

des Oyakata seines Stalls und dessen Gattin offiziell für die Beförderung bedankt. Einen Tag später findet dann die *Tsuna-Uchi*-Zeremonie statt, bei der das weiße geflochtene Hanfseil, das der Yokozuna beim Eingangszeremoniell (*dohyō-iri*) über seiner Zierschürze (*keshō-mawashi*) trägt, hergestellt wird. Bis zur offiziellen Beförderungszeremonie und dem ersten Dohyō-iri am Tōkyōter Meiji-Schrein übt der neue Yokozuna zusammen mit einem ehemaligen Würdenträger den Ablauf des Eingangszeremoniells.

Wer einmal Yokozuna geworden ist, kann nicht mehr degradiert werden. Diesen Titel behält man bis zum Ende seiner Karriere. Verliert ein Yokozuna aber mehrmals hintereinander, wird man ihm von seiten des Sumō-Verbands den Rücktritt nahelegen, nicht zuletzt aus Gründen des Gesichtsverlusts.

Die Kampfpaarungen

Die Kämpfe werden möglichst so zusammengestellt, dass Sumōtori mit ähnlichen Tabellenpositionen gegeneinander antreten müssen. Grundsätzlich sind alle Paarungen möglich, nur Athleten aus dem gleichen Heya dürfen nicht miteinander kämpfen, es sei denn am letzten Tag eines Basho stehen zwei Rikiski aus einem Team mit gleichem Ergebnis an der Spitze. Dann kommt es zu einem Stichkampf.

Die Kampfpaarungen der ersten beiden Runden eines Turniers werden zwei Tage vor Beginn eines Basho vom Schiedsrichterkomitee angesetzt. Ab dem dritten Kampftag werden die Begegnungen der Sekitori, also der Makuuchi- und Jūryō-Liga, immer am Nachmittag vorher für den folgenden Tag zusammengestellt. Die Rikishi erfahren erst unmittelbar vor ihrem Kampf, gegen wen sie am nächsten Tag antreten müssen. Die Paarungen der untersten vier Divisionen werden häufig schon bis zu drei Tagen im voraus geplant, doch hier wird auch nur siebenmal pro Basho gekämpft.

Am ersten Tag kämpfen die Maegashira der unteren Ränge meist gegen die gleichrangigen Sumōtori aus der anderen Gruppe oder zumindest gegen Riki-

Stolz präsentiert Musashimaru zusammen mit seinem Stallgefährten die neue *Banzuke*, auf der er nach seiner Ernennung im Juli 1999 zum ersten Mal im Rang eines Yokozuna aufgeführt ist.

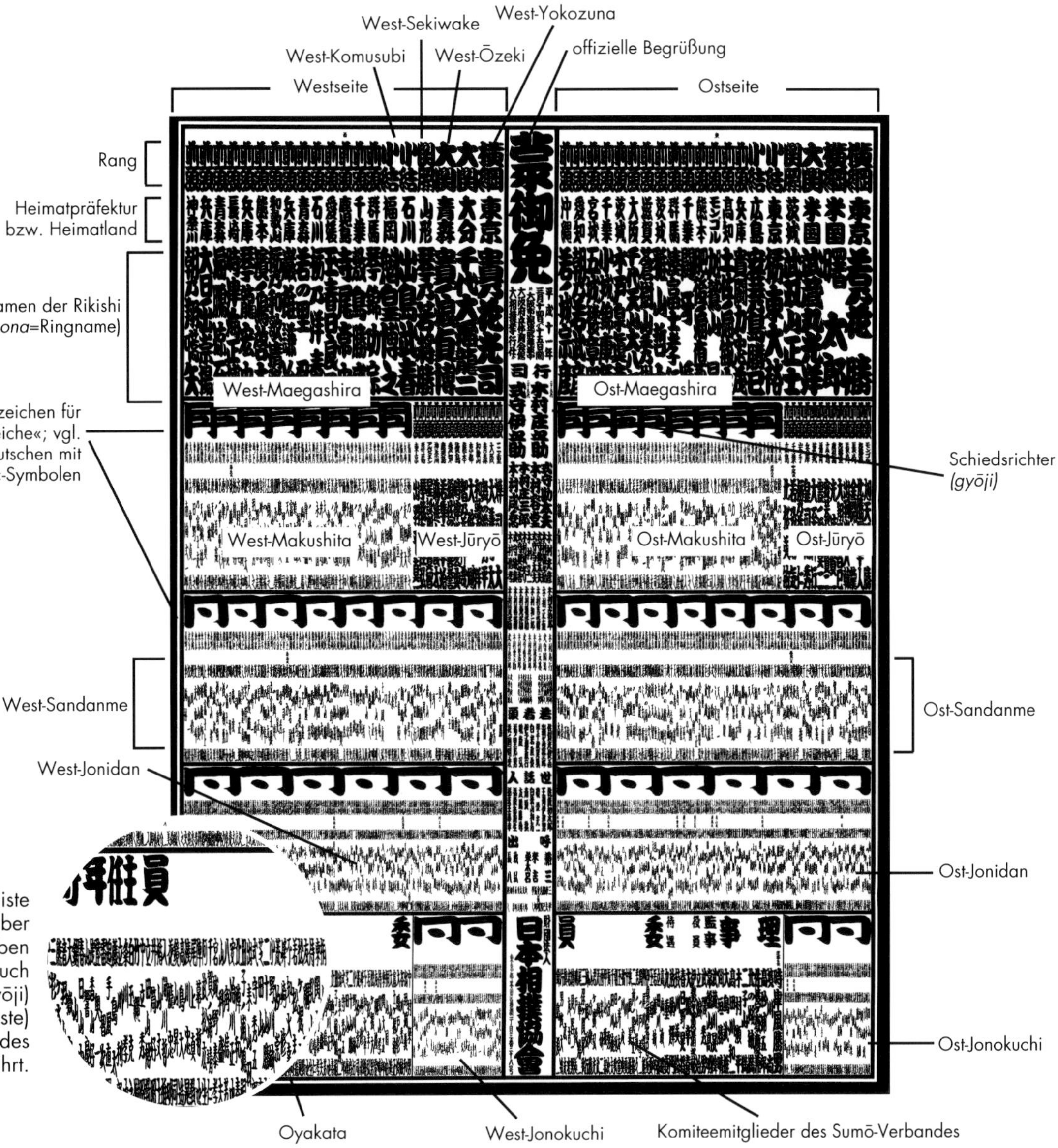

DER KAMPF

取組

Die offizielle Rangliste (banzuke) enthält über tausend Namen. Neben den Sumōtori sind auch die Schiedsrichter (gyōji) und die Oyakata (Älteste) des Sumō-Verbandes mitaufgeführt.

shi, die in der Rangliste *(banzuke)* nicht weit entfernt stehen. Eine der schwierigsten Positionen ist der Rang des Komusubi. Wer vom Maegashira zum Komusubi aufgestiegen ist, steht vor einem harten Turnier, da er in der ersten Woche in der Regel nur gegen hohe Sanyaku-Ränge antreten muss. Erreicht er nach acht Kämpfen mindestens zwei oder gar drei Siege, stehen die Chancen für ein »Kachi-koshi« gar nicht so schlecht, denn in der zweiten Woche stehen dann nur noch Kämpfe gegen Maegashira an. Für Neulinge, die zum ersten Mal in ihrer Karriere Komusubi geworden sind, ist es trotzdem sehr schwierig, diese Position zu halten. Die meisten schneiden mit einem hohen »Makekoshi« ab. Rikishi, die bei ihrer ersten Beförderung zum Komusubi gleich eine positive Kampfbilanz erreichen, sind echte Ausnahmen.

In den unteren Ligen ist es durchaus üblich, dass Kandidaten, die beispielsweise für den Aufstieg von der Jūryō- in die Makuuchi-Division qualifiziert sind, schon gegen die unteren Maegashira-Ränge kämpfen müssen.

Yokozuna und Ōzeki kämpfen in der ersten Woche zunächst gegen Komusubi, Sekiwake und die oberen Maegashira-Ränge. Im zweiten Teil des Basho werden die Begegnungen immer hochklassiger, da die Duelle gegeneinander

DER KAMPF

取組

Herstellung der Rangliste (banzuke)

Weniger direkt in das Sumō-Geschehen involviert, übernimmt der Banzuke-Hersteller eine bedeutende Rolle hinter den Kulissen des Sumō. Die sogenannte Banzuke – die erste wurde Ende des 17. Jahrhunderts auf einer Holztafel erstellt – ist die offizielle Rangliste und wird mit Ausnahme des Januar-Turniers (hatsu basho) jeweils am Montag, dreizehn Tage vor Beginn eines Turniers veröffentlicht. Die Namen aller Sumōtori, Schiedsrichter (gyōji) und höchsten Ausrufer (yobidashi) sind auf der 53cm langen und 39cm breiten Liste verzeichnet. Die Namen der Sumōtori sind nach Rang aufgegliedert, gleichrangige sind in zwei Gruppen Ost (higashi; rechts auf der Rangliste) und West (nishi; links auf der Rangliste) unterteilt. Diese Tradition stammt bereits aus dem 18. Jahrhundert.

Vor ihrer offiziellen Veröffentlichung ist die Banzuke streng geheim. Selbst die Mitarbeiter der Druckerei, die für die Herstellung verantwortlich sind, unterliegen der Schweigepflicht. Die Druckerei von Kajioka-san im Tōkyōter Stadtteil Hatchōbori druckt die Banzuke schon seit über 30 Jahren für den japanischen Sumō-Verband (Sumō-Kyōkai). Die Auflage liegt in der Regel zwischen 500.000 und 600.000 Exemplaren. Bei Tōkyōter Turnieren werden gewöhnlich über 750.000 Banzuke-Listen benötigt. Und anstehen. Nehmen nur zwei Yokozuna am Turnier teil, kämpfen sie immer am letzten Tag gegeneinander. Selbstverständlich kommt es auch vor, dass ein Maegashira der unteren Ränge in den ersten zehn Tagen so gut abgeschnitten hat, dass er für den Turniersieg in Frage kommt. Dann muss auch er gegen die Ōzeki und Yokozuna antreten. Kotonishiki gelang es als einzigem Rikishi bereits zweimal, als Maegashira einen Turniersieg (yūshō) zu erzielen. Das letzte Mal war er im November 1998 in Kyūshū mit einem 14-1 »Kachi-koshi« erfolgreich.

Einen Sieg nennt man Shiroboshi, auf Deutsch »weißer Stern«. Dieses Symbol wird auch in der offiziellen Ergebnisliste verwendet. Dementsprechend symbolisiert ein schwarzer Stern (kuroboshi) eine Niederlage. Wenn ein Maegashira einen Yokozuna schlägt, erhält er einen Kinboshi, einen goldenen Stern, mit dem auch ein Preisgeld verbunden ist.

Nun kann es trotz der kurzfristigen Kampfansetzungen immer wieder zu verletzungsbedingten Ausfällen kommen. Bei Nichtantreten eines Sumōtori (kyū-jō), kommt ein Yobidashi mit einer Fahne in den Ring, auf der der kampflose

DER KAMPF

取組

wenn ein neuer Yokozuna ernannt worden ist, stellt die Druckerei sogar noch weitaus mehr her.

Noch während des Turniers tagt regelmäßig ein Ausschuss der Sumō-Kyōkai – maßgeblich daran beteiligt sind Schiedsrichter und Oyakata (ehemalige Sumōtori) – und berät über die Aufstellung der Rikishi

für das nächste Turnier. Drei Tage nach dem letzten Turniertag trifft sich ein Gremium aus Mitgliedern der Sumō-Kyōkai, um über die Aufstellung der Banzuke für das nächste Turnier (basho) zu entscheiden. Die eigentliche Erstellung erfolgt durch einen Schiedsrichter, der die japanischen Schriftzeichen (kanji) der über tausend Namen in vierfacher Vergrößerung der später gedruckten Form sogar heute noch per Hand mit einem Pinsel niederschreibt. Allein dieser Vorgang dauert 12-13 Tage und findet

an einem geheimen Ort statt. Der eigentliche Druck nimmt anschließend nochmals 12-13 Tage in Anspruch. Bei dem verwendeten Papier handelt es sich um ein Spezialpapier aus der Präfektur Fukui, das eigens für die Banzuke hergestellt wird. Es besteht zu 70% aus Japanpapier und zu 30% aus Normalpapier.

Die fertig gedruckten Banzuke erhält allesamt die Sumō-Kyōkai, die diese dann weiterleitet an die einzelnen Sumō-Ställe (heya). Rund 800 Stück werden auf den Turnieren an die Öffentlichkeit verkauft.

Sieg des Gegners (fusenshō) dem Publikum mitgeteilt wird. Der Sumōtori, der auf diese Weise kampflos gewonnen hat, muss allerdings wie sonst auch das Dohyō betreten.

Die Kampfregeln

Ein ganz großer Vorteil am Sumō sind die simplen Regeln. Ohne große Vorkenntnisse können Zuschauer einen Kampf verfolgen, da man schon nach kurzer Zeit erkennt, wer Sieger und wer Besiegter ist. Es gibt vier verschiedene Möglichkeiten, einen Kampf für sich zu entscheiden. Die erste ist, den Gegner durch Schieben, Stoßen, Heben oder Werfen zum Verlassen des Ringes zu zwingen.

Die zweite Art, zum Sieg zu kommen, ist, seinen Gegner so aus dem Gleichgewicht zu bringen, dass er mit einem anderen Körperteil außer den Fußsohlen den Boden berührt. Selbst wenn nur eine Haarsträhne den Boden streift, ist der Kampf zu Ende. So gab es im September 1980 ein berühmtes Duell zwischen

DER KAMPF

取組

Takanohana und Takamiyama, bei dem es zunächst so aussah, als habe Takamiyama als erster den Ring verlassen. Doch die Außenrichter hoben das Urteil auf, weil der Haarknoten von Takanohana ganz leicht den Boden berührt hatte. Sind die Kampfrichter der Ansicht, dass beide Rikishi gleichzeitig den Boden berührt haben, wird der Kampf neu angesetzt, und zwar so oft, bis eine klare Entscheidung gefällt werden kann.

Ein Rikishi hat ebenso gewonnen, wenn sein Gegner wegen eines Fouls *(kinjite)* disqualifiziert wird. Zu den verbotenen Techniken gehören Würgegriffe, Schläge mit der Faust, Haare ziehen, in die Augen stechen, auf beide Ohren gleichzeitig schlagen, in die Geschlechtsteile greifen und Tritte oberhalb der Knie.

Die vierte und letzte Möglichkeit, einen Sieg zu erringen, kommt sehr selten vor. Dazu muss der Gegner nämlich seinen Mawashi verlieren. Wer nackt im Ring steht, gilt als besiegt. Wenn der Gyōji allerdings merkt, dass sich ein Mawashi lockert, unterbricht er den Kampf *(gyōji matta)* und befestigt den Gürtel, bevor er zu Boden fällt. Der letzte Rikishi, der im Ring seinen Mawashi verlor, war Anfang der 60er Jahre Wakachichibu. Noch heute werden Witze über das japanische Fernsehen gemacht, denn das blendete schamvoll aus und zeigte minutenlang nur schwarze Bilder.

Wenn ein Kampf zu lange dauert, zwei Rikishi verharren zum Beispiel drei Minuten und länger mit dem Griff am Mawashi, kann der Gyōji die Auseinandersetzung unterbrechen, um eine Pause zum Wassertrinken *(mizu-iri* oder *mizu ga hairu)* anzuordnen. Er prägt sich zuvor genau die Fußstellung und die Griffe der beiden Sumōtori ein, ehe er sie für ungefähr eine Minute pausieren lässt. Danach nehmen die Rikishi nach seiner Anweisung exakt die gleiche Kampfposition ein, bevor der Schiedsrichter den Kampf wieder freigibt. Es ist nicht festgelegt, wann der Gyōji einen Kampf unterbricht. Brauchen die Sumōtori eine zweite Wasserpause, wird der Kampf gestoppt und wenig später oder sogar erst nach der letzten Begegnung des Tages neu angesetzt. Eine weitere Möglichkeit besteht darin, den Kampf unentschieden *(hikiwake)* zu werten. Beides kommt jedoch äußerst selten vor. Der letzte Kampf, der neu angesetzt wurde, war im März 1978 der zwischen Kaiketsu und Asahikuni. Der letzte unentschiedene Kampf fand im September 1974 zwischen Minenoumi und Futagodake statt.

Wenn ein Sumōtori von seinem Gegner geworfen wird und dabei eine Verletzung droht, kann ihn der Werfende abfangen. Auch wenn der Werfer dabei als erster den Boden berührt, hat er den Kampf gewonnen, falls die Kampfrichter der Ansicht sind, dass dies nur aus dem Grund geschah, den Gegner zu schützen. Man spricht in diesem Fall von einem sogenannten *Kabaite*. Ein legendäres »Kabaite« gab es im Januar 1972 im Kampf zwischen Takanohana 1, dem Vater der Taka-Waka-Brüder, der damals im Rang eines Sekiwake stand, und Yokozuna Kitanofuji. Takanohana 1 hatte den Yokozuna frontal mit einem »Sotogake«, einer äußeren Beinsichel, angegriffen. Kitanofuji konterte seinerseits mit einem Frontalangriff und brach dem Sekiwake das Gleichgewicht mit aller Gewalt nach hinten. Beide stürzten mit großem Schwung nach draußen. Das Leichtgewicht Takanohana schien vom Koloss Kitanofuji begraben zu werden. Doch die Hand des Yokozuna berührte zuerst den Boden. Der Gyōji erklärte daraufhin Takanohana zum Sieger. Doch die Außenrichter erhoben Einspruch. Sie meinten, die Hand von Kitanofuji hätte nur dazu gedient, den

DER KAMPF

Aufprall zu dämpfen und eine Verletzung von Takanohana 1 zu verhindern. Daraufhin wurde Kitanofuji zum Sieger erklärt.

Kimarite – Die 70 Siegestechniken

Insgesamt gibt es 70 Techniken *(kimarite)*, mit denen man einen Sumō-Kampf gewinnen kann. Die wichtigsten Techniken werden im folgenden erklärt. Man kann sie in zwei große Gruppen unterteilen und unterscheidet zwischen *Yotsu-zumō* und *Tsukioshi-zumō*. Yotsu-zumō bezeichnet die Kampfführung am Ma-

1. Tsuki-dashi
Beim Tsukidashi (Herausstoßen) werden im schnellen Wechsel die Handflächen gegen den Kontrahenten geschlagen, der dadurch gezwungen wird, den Ring zu verlassen.

2. Tsuki-taoshi
Das Tsuki-taoshi ist wie das »Tsuki-dashi«, nur dass der Verlierer entweder innerhalb oder außerhalb des Ringes zu Boden fällt.

3. Oshi-dashi
Beim Oshi-dashi wird der Gegner mit einer oder mit beiden Händen aus dem Ring gestoßen. Nur eine Hand reicht. Selbst wenn die zweite Hand am Mawashi ist, zählt die Technik als »Oshi-dashi«, wenn der entscheidende Impuls durch den Stoß mit der freien Hand kommt.

4. Oshi-taoshi
Beim Oshi-taoshi wird der Gegner aus dem Ring geschoben, aber im Gegensatz zu »Abise-taoshi« und »Yori-taoshi« fallen nicht beide, sondern nur der Verlierer.

5. Yori-kiri ist die erfolgreichste und beliebteste Technik. Mit ihr werden die meisten Kämpfe entschieden. Ein Rikishi hat beide Hände am Mawashi des Gegners und drängt bzw. schiebt ihn im Vorwärtsgang aus dem Dohyō.

6. Yori-taoshi ist ähnlich dem »Yori-kiri«, nur dass der Verlierer durch die Kraft des Angreifers nach draußen stürzt und der Sieger auf ihn drauf fällt.

7. Abise-taoshi ist wie »Yori-taoshi«, nur dass beide innerhalb des Ringes zu Fall kommen.

8. Shitate-nage
Shitate-nage, der Unterarmwurf, unterscheidet sich vom »Uwate-nage« dadurch, dass nicht über dem Arm an den Gürtel gegriffen wird, sondern unter der Achsel. Mit diesem Griff erfolgt dann der Wurf.

9. Uwate-nage
Uwate-nage, der Überarmwurf, ist die erfolgreichste Wurftechnik. Der Werfer greift von außen an den Mawashi und blockiert dabei den Arm des Gegners, der dann zu Boden geschleudert wird.

10. Kote-nage

11. Sukui-nage
Sukui-nage ist ein Armwurf, ohne den Griff am Gürtel zu haben. Der Angreifer fasst mit einer Hand genau zwischen die Schulterblätter des Gegners. Durch Drehung des eigenen Körpers wird der Kontrahent zu Fall gebracht

12. Dashi-nage

DER KAMPF

取組

13. Koshi-nage

14. Kubi-nage
Kubi-nage ist ein Wurf, bei dem der Kopf mit einem Arm eingeklemmt und der Rikishi durch Körperdrehung geworfen wird.

15. Ippon-zeoi

16. Nichō-nage

17. Yagura-nage

18. Kake-nage

19. Tsukami-nage

20. Uchi-gake
Uchi-gake, das »innere Einhängen«, ist ähnlich dem »Sotogake«, nur wird dabei das Bein nicht von außen, sondern von innen »gesichelt«.

21. Soto-gake
Soto-gake, das »äußere Einhängen«, ist ein Griff mit beiden Händen am Mawashi, wobei mit dem rechten Bein das linke des Gegners (oder umgekehrt) durch Einhaken von außen »weggesichelt« wird.

22. Chōna-gake

23. Kiri-kaeshi
Beim Kirikaeshi (Zug nach hinten) stellt der Sumōtori ein Bein hinter den Gegner, um dessen Gleichgewicht nach hinten zu brechen.

24. Kawazu-gake

25. Ke-kaeshi

26. Keta-guri

27. Mitokoro-zeme

28. Watashi-komi

29. Nimai-geri

30. Komata-sukui

31. Soto-komata

32. Ōmata

DER KAMPF

取組

33. Tsuma-dori

34. Ashi-tori

35. Susa-tori

36. Suso-harai

37. I-zori

38. Tasuki-zori

39. Kake-zori

40. Tsuki-otoshi

Tsuki-otoshi ist ein Konter gegen Stöße. Ein Sumōtori, der mit Schlägen angegriffen wird, verteidigt sich durch eine schnelle Ausweichbewegung, bekommt seinen Gegner von der Seite zu fassen und kann ihn von da aus selbst mit Stößen nach draußen zwingen. Mit dieser Technik startete Chiyonofuji im Sommerturnier 1988 seine Siegesserie von 53 Kämpfen ohne Niederlage.

41. Maki-otoshi

42. Tottari

43. Saka-tottari

44. Kata-sukashi

45. Soto-musō

46. Uchi-musō

47. Zubu-neri

48. Uwate-hineri

49. Shitate-hineri

50. Ami-uchi

51. Saba-ori

52. Harimage-nage

53. Kaina-hineri

54. Gasshō-hineri

DER KAMPF

取組

55. Kubi-hineri

56. Hiki-otoshi

Hiki-otoshi ist manchmal schwer von »Tsuki-otoshi« zu unterscheiden. Hierbei wird der Gegner nach dem Ausweichen nicht durch Stöße, sondern durch Zufassen an den Armen oder auch am Gürtel zu Boden geworfen.

57. Hikkake

58. Hataki-komi

Beim Hataki-komi drückt der Angreifer seinen Gegner am Arm, an der Schulter, am Nacken oder auch an den Händen zu Boden. Dieser Griff wird oft beim Tachiai angesetzt. Der Gegner stürmt aus der Hocke nach vorne, sein Gegenüber macht einen Schritt zur Seite und lässt seinen Kontrahenten geschickt ins Leere laufen.

59. Tsuri-dashi

Tsuri-dashi bezeichnet das »Heraustragen« des Gegners. Dieser wird mit beiden Händen am Mawashi hochgehoben und außerhalb des Ringes wieder abgestellt.

60. Tsuri-nage

61. Tsuri-otoshi

Tsuri-otoshi, das »Hochheben und auf den Boden legen«, ist ein ähnlicher Griff wie das »Tsuri-dashi«, nur dass der Gegner nicht hinausgetragen, sondern auf den Boden gelegt wird.

62. Okuri-dashi

63. Okuri-taoshi

64. Wari-dashi

65. Uttchari

Beim Uttchari (Ausdreher) kontert ein Sumōtori, der fast schon selbst herausgedrängt wurde, seinen Gegner am Ringrand, indem er sich im letzten Augenblick herumdreht und den Gegner durch seinen eigenen Schwung aus dem Ring dreht.

66. Kime-dashi

Beim Kime-dashi klemmt ein Sumōtori die Arme seines Gegners von außen wie in einen Schraubstock ein und zwingt ihn so nach draußen. Dies ist die Spezialtechnik von Ōzeki Takanonami.

67. Kime-taoshi

68. Yobi-modoshi

69. Isami-ashi

70. Koshi-kudake

washi (Gürtel) des Gegners. »Yotsu« bedeutet »vier« und steht für die vier Hände am Gürtel. Beim Yotsu-zumō sind allerdings sämtliche Wurftechniken enthalten, das heißt nicht nur Würfe, bei denen man am Mawashi greift, sondern auch die, bei denen man den Körper des Gegners gefasst hat. Tsukioshi-zumō wird von den Rikishi praktiziert, die Schläge und Stöße bevorzugen und den Griff am Mawashi meiden.

DER KAMPF

Sumōtori, die Tsukioshi-zumō bevorzugen, sind oft schlecht im Kampf am Gürtel. Deshalb versuchen sie, möglichst schnell zu gewinnen, bevor ihr Gegner sie am eigenen Mawashi greifen kann. Echte Spitzen-Sumōtori haben zwar ihre Vorlieben, können aber in beiden Stilarten gewinnen. So zum Beispiel Yokozuna Takanohana, der immer versucht, möglichst schnell die rechte Hand an den Mawashi des Gegners zu bringen, aber durchaus in der Lage ist, auch mit Schlag- und Stoßtechniken einen Kampf zu gewinnen. Ein Vertreter des Tsukioshi-zumō ist Tamakasuga, der nach einem explosiven »Tachiai« sofort versucht, seine Gegner mit Stößen und Schlägen aus dem Ring zu treiben. Gelingt es seinem Kontrahenten allerdings, den Mawashi zu greifen, hat Tamakasuga meist verloren.

Die Unterschiede zwischen den 70 verschiedenen Techniken richten sich meist danach, ob beide stehenbleiben, nur der Verlierer zu Boden geht, oder ob beide fallen. Die Griffe bzw. Stöße sind ansonsten identisch. Ungefähr 40 Prozent aller Kämpfe werden mit »Yorikiri« entschieden, danach folgen mit großem Abstand das »Hatakikomi« auf Platz zwei und das »Oshidashi« auf Rang drei. Die restlichen, hier nicht aufgeführten Techniken der insgesamt 70 erlaubten werden nur höchst selten verwendet, manche sogar überhaupt nicht. Takanohana gewinnt meistens mehr als die Hälfte seiner Kämpfe mit »Yorikiri«. Da er dabei seine Hände am Mawashi des Gegners hat, kann er Techniken leicht kombinieren und beispielsweise zum »Uwatenage« wechseln, dem Überarmwurf. Diese Technik ist bei ihm die zweiterfolgreichste.

Akebono dagegen ist der typische Vertreter der Schlag- und Stoßtechniken. Die meisten seiner Kämpfe gewinnt er mit »Oshidashi«, »Tsukidashi« und »Tsukiotoshi«. Diese Kampfführung kommt ihm bei seinem mächtigen Oberkörper, seinen 230 Kilogramm Gewicht und dagegen weniger muskulösen Beinen sehr entgegen. Gelingt es seinen Gegnern trotzdem, seinen Mawashi zu fassen, kann er auch mit »Yorikiri« den Kampf entscheiden.

Ähnlich ist auch der Kampfstil seines hawaiianischen Yokozuna-Kollegen Musashimaru. Er gewinnt ebenfalls fast die Hälfte seiner Duelle mit »Oshidashi« oder ähnlichen Techniken. Im Gegensatz zu Akebono kann er aber auch genauso gut am Mawashi kämpfen. Er wiegt zwar mit 210 Kilogramm etwas weniger als Akebono, aber bei ihm ist das Verhältnis zwischen Oberkörper und Unterbau ausgewogener. Bei einem Großteil seiner Kämpfe setzt sich Musashimaru auch mit »Yorikiri« durch.

Ganz anders dagegen Wakanohana. Er ist mit seinem großen technischen Repertoire auf jeden Fall der vielseitigste Rikishi aller vier Yokozuna. Mit ein Grund dafür ist sicherlich sein geringes Körpergewicht von nur 125 Kilogramm. Techniken wie »Oshidashi« und »Yorikiri« setzen ein hohes Kampfgewicht voraus, um sie erfolgreich einsetzen zu können. Da er das nicht hat, musste Wakanohana einen anderen Kampfstil entwickeln. Er hat ein ganz ausgeprägtes Gleichgewichtsgefühl wie niemand sonst in der Makuuchi-Division. Eine seiner Spezialtechniken ist »Hatakikomi«. Er entwickelt dabei selbst Druck nach vorne, den seine meist schwereren Gegner mit Gegendruck erwidern. Den nutzt Wakanohana letztlich aus, gibt nach mit einem Schritt zur Seite und lässt seine Gegner elegant ins Leere laufen. Dabei drückt er sie an der Schulter nach unten auf den Ringboden. Keiner schafft es, die Kraft des Kontrahenten so geschickt für sich auszunutzen wie er.

DER KAMPF

取組

Ein weiterer großer Vorteil des leichtesten Yokozuna ist sein schnelles Umschalten von Schlag- und Stoßtechniken mit Griff am Mawashi. Er gewinnt häufig mit Würfen wie »Uwatenage« oder »Shitatenage«. Wenn er mit Tsuki- und Oshi-Techniken siegt, kann er dabei seine Kontrahenten nicht durch sein hohes Körpergewicht vor sich hertreiben wie etwa Akebono, bei ihm muss jeder Schlag sitzen, mit jedem Hieb muss er das Gleichgewicht des Gegners treffen, um nicht selbst gekontert zu werden. Schwierig ist es immer dann für ihn, wenn er gegen ein Schwergewicht wie zum Beispiel Musashimaru kämpfen muss, der seine Angriffe sehr kontrolliert vorbringt und nur schwer zu kontern ist. Deshalb hat er gegen den Hawaiianer auch eine negative Kampfbilanz.

Als Faustformel gilt jedenfalls, je leichter der Athlet, desto flexibler muss er kämpfen. Gute Beispiele dafür sind der Mongole Kyokushūzan und der nur 101 Kilogramm schwere Mainoumi. Der Mongole schaffte es mit einem ganz unorthodoxen Kampfstil sogar schon bis in den Komusubi-Rang. Seine Spezialität sind alle erdenklichen Würfe aus den verzwicktesten Situationen. Mittlerweile hat er 12 Kilogramm zugenommen, gehört aber mit 137 Kilogramm immer noch zum leichten Drittel der Makuuchi-Division. Zuletzt überraschte er die Zuschauer, denn zum ersten Mal in seiner Karriere gewann er mit »Yorikiri«. Das blieb bei ihm aber bisher eher die Ausnahme. Mainoumi ist zwar mittlerweile in die Jūryō-Liga abgestiegen, aber nach wie vor sorgt der knapp über 100 Kilogramm schwere »Kampffloh« für Stimmung, wenn er seine Gegner mit hoher Geschwindigkeit umkreist. In der Vergangenheit gehörten seine Zweikämpfe mit dem schwersten Sumōtori aller Zeiten, dem 284 Kilogramm wiegenden Konishiki, immer zu den Höhepunkten des Turniers. Das »Fliegengewicht« Mainoumi schaffte es oft, den über 180 Kilogramm schwereren Hawaiianer mit Schnelligkeit und guter Technik auszutricksen.

Unter den 70 Kampftechniken des Sumō gibt es für jede Körpergröße und für jedes Körpergewicht einen geeigneten Griff. Jeder Rikishi muss sich einen Kampfstil aneignen, der seinen körperlichen Voraussetzungen entspricht. Der 1,84 Meter große und 184 Kilogramm schwere Shikishima zum Beispiel gehört zu den eher schwerfälligen Sumōtori, denen es an Explosivität fehlt. Er hat jedoch seinen Kampfstil darauf abgestimmt und versucht, den Mawashi des Gegners zu greifen, den Kontrahenten anschließend mit aller Kraft an sich zu drücken, um ihn dann mit »Yorikiri« und seinem ganzen Körpergewicht vor sich her ins »Aus« zu schieben.

Der ideale Sumōtori muss möglichst schwer sein, einen birnenförmigen Körper haben, damit sein Schwerpunkt tief liegt und »Entenfüße«, damit er nicht so leicht umfällt, so die lange Zeit vorherrschende Ansicht. Doch so erfolgreiche Sumōtori wie Chiyonofuji, der vielleicht der athletischste Sumōtori aller Zeiten war, oder die Taka-Waka-Brüder haben diese Aussage ad absurdum geführt. Mittlerweile gibt es sogar im Sumō-Verband Überlegungen, das Höchstgewicht der Sumōtori auf 180 Kilogramm festzulegen, um das Verletzungsrisiko zu senken.

Neben den 70 offiziell zugelassenen Techniken *(kimarite)*, gibt es eine Reihe von Bewegungen und Griffen, die zwar im Kampf sehr wichtig sind, aber nicht als eigenständige Techniken gelten:

Inasu oder *Inashi* heißt die Seitwärtsbewegung eines Sumōtori, mit der er einem angreifenden Gegner ausweicht. Damit gelangt der Ausweichende in eine

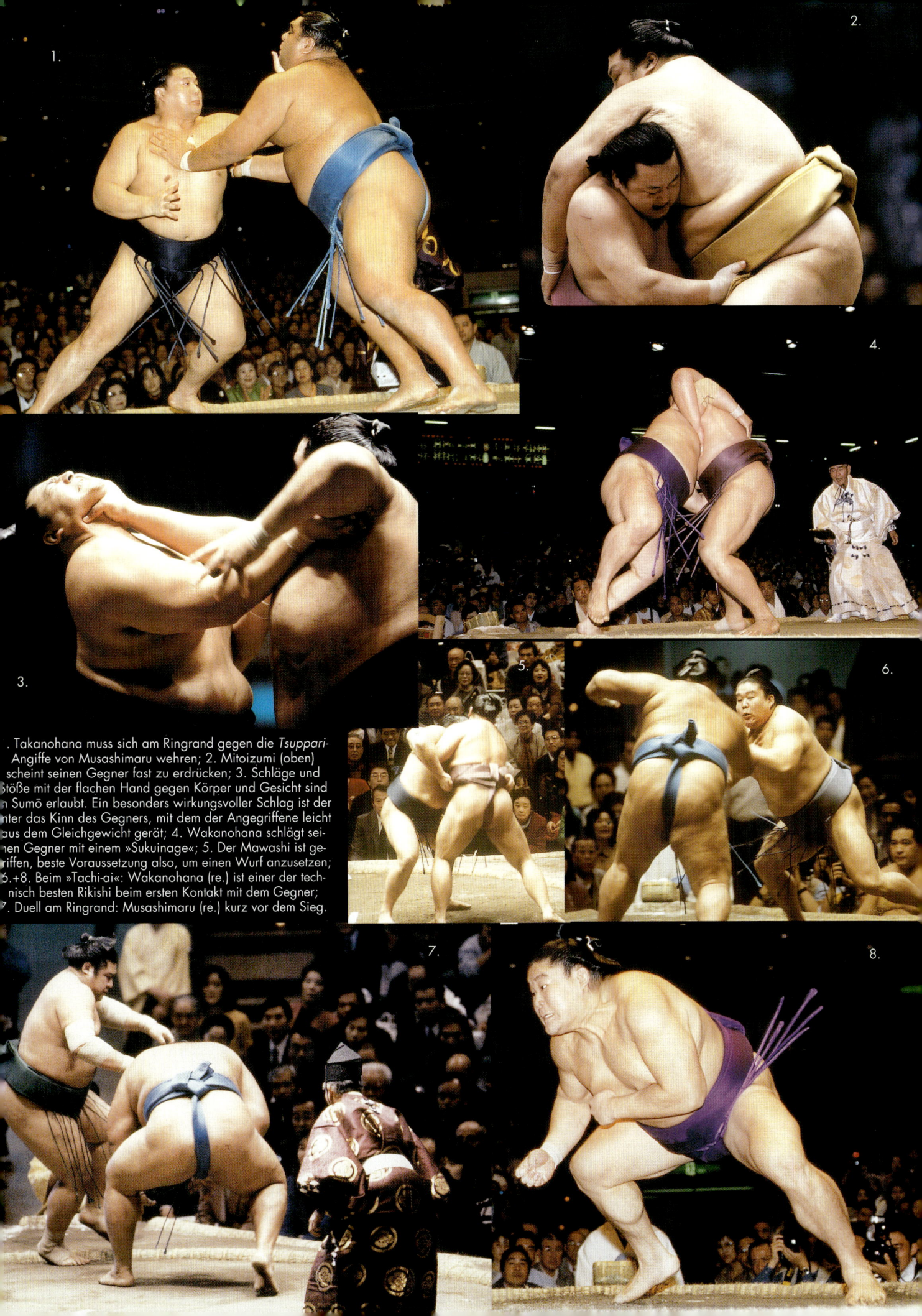

1. Takanohana muss sich am Ringrand gegen die *Tsuppari*-Angiffe von Musashimaru wehren; 2. Mitoizumi (oben) scheint seinen Gegner fast zu erdrücken; 3. Schläge und Stöße mit der flachen Hand gegen Körper und Gesicht sind im Sumō erlaubt. Ein besonders wirkungsvoller Schlag ist der unter das Kinn des Gegners, mit dem der Angegriffene leicht aus dem Gleichgewicht gerät; 4. Wakanohana schlägt seinen Gegner mit einem »Sukuinage«; 5. Der Mawashi ist gegriffen, beste Voraussetzung also, um einen Wurf anzusetzen; 6.+8. Beim »Tachi-ai«: Wakanohana (re.) ist einer der technisch besten Rikishi beim ersten Kontakt mit dem Gegner; 7. Duell am Ringrand: Musashimaru (re.) kurz vor dem Sieg.

Wakanohana schlägt seinen Gegner mit einem »Sukui-nage«.

Akebono mit einem kraftvollen »Tachiai«.

...kebono gegen Takatōriki.

...r »Tachiai« ist kampfentscheidend.
...er hat Musōyama (in Grau) den
...sseren Start gehabt, er kann
...sanoumi aus dem Ring drängen.

DER KAMPF

gute Position, aus der er einen Griff ansetzen oder seinen Gegner aus dem Gleichgewicht bringen kann.

Maemitsu ist der Griff an die Vorderseite des Mawashi. Dieser dient nicht nur der Offensive, sondern auch als Konter eines Angriffs mit Schlägen und Stößen.

Morozashi ist der Griff eines Rikishi unter der Achsel des Gegners hindurch an den Mawashi. Takanohana zum Beispiel beherrscht diesen meisterhaft. Er ist oft die Grundlage, um zum »Yorikiri« überzugehen.

Nodowazeme ist der Angriff mit Stößen auf den Hals bzw. die Kehle des Gegners. Spezialist darin war Takamiyama, der erste Hawaiianer in der Makuuchi-Division. Zur Zeit praktiziert auch Takatōriki diese Kampfweise.

Tsuppari sind Stöße und Schläge mit den flachen Handflächen auf den Körper des Gegners. Es darf überallhin geschlagen werden, nur nicht auf die Ohren. Diese Schläge werden mit voller Wucht und hoher Geschwindigkeit durchgeführt. Spezialist dafür ist in der Makuuchi-Division Takatōriki.

Verlorene Kämpfe

Zu den 70 *Kimarite*-Techniken, mit denen ein Gegner bezwungen werden kann, kommen noch vier weitere Möglichkeiten, einen Kampf zu gewinnen, und zwar, wenn der Gegner einen Fehler macht.

Die einfachste Art zu gewinnen, ist das sogenannte *Fusenshō* (kampflos), wenn der Kontrahent nicht antritt, weil er sich beispielsweise verletzt hat. So wurde 1987 die legendäre Minusserie eines Rikishi von 21 Niederlagen in Folge beendet, weil sein Gegner im Verkehrsstau steckengeblieben war. Die Niederlage aus Sicht des Verlierers heißt *Fusenhai*.

Hansoku ist die Disqualifikation wegen eines Regelverstoßes, wie zum Beispiel der Anwendung verbotener Techniken, zu denen unter anderem Faustschläge gehören oder Würgegriffe. Die härteste Disqualifikation traf in den 60er Jahren den Maegashira Asaarashi, der ein Stück Abfall entfernt hatte und dabei aus dem Ring getreten war. Da er zuerst den Ring verlassen hatte, war für ihn der Kampf verloren.

Isamiashi könnte man mit »übergroße Füße« übersetzen. Ein Sumōtori hat seinen Gegner ausgehoben und trägt ihn zwar über die Ringbegrenzung, tritt aber dabei als erster nach draußen.

Beim *Koshikudake* (»zusammenbrechende Hüften«) startet ein Sumōtori einen Angriff, bricht aber während der Ausführung zusammen und kommt als erster zu Fall. »Isamiashi« und »Koshikudake« nennt man »Kimarite dewa nai kimarite«, das heißt »Techniken, die keine sind«.

Legendäres Duell zwischen Akebono und Takatōriki. Takatōriki, mehr als 50kg leichter und wesentlich kleiner als Akebono, ist für den Yokozuna ein echter Angstgegner. Auch in diesem Kampf schlug er mit seinem aggressiven Kampfstil den scheinbar übermächtigen Akebono mit kräftigen Stößen aus dem Ring und holte sich einen weiteren Sieg über den ranghöheren Rikishi.

DER KAMPF

取組

Yumitori-shiki – Der Bogentanz

Jeder Turniertag wird mit dem *Yumitori-shiki*, der Zeremonie des Bogentanzes, beendet. Durchgeführt wird dieses Ritual immer von einem Rikishi aus der dritten Liga, der Makushita-Division. Das »Yumitori-shiki« ist um 1700 entstanden. Damals bekam Yokozuna Tanikaze für den Sieg in einem Turnier einen Bogen geschenkt, den er vor lauter Freude herumzuwirbeln begann. Der Sumōtori betritt das Dohyō von derselben Seite wie der Sieger des letzten Kampfes. Im Ring empfängt er den Bogen aus der Hand des Gyōji. Er schwingt ihn vor sich und wirbelt ihn vor und über seinem Kopf hin und her. Der Bogentanz erfordert sehr viel Übung. Sollte der Bogen herunterfallen, hebt der Sumōtori diesen mit dem Fuß wieder auf, denn niemals würde ein Rikishi den Boden des Ringes freiwillig mit den Händen berühren.

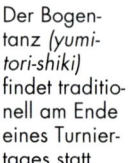

Der Bogentanz *(yumitori-shiki)* findet traditionell am Ende eines Turniertages statt.

Mit dem »Yumitori-shiki« sollen die siegreichen Rikishi des Tages geehrt werden. Der Sumōtori, der dieses Ritual durchführt, ist selbst kein Sekitori (Rikishi der Jūryō- oder Makuuchi-Liga), er trägt aber trotzdem einen *Keshō-mawashi* (Zierschürze) und einen Haarknoten im *Ō-ichō-mage*-Stil, was sonst nur ein Sumōtori ab der Jūryō-Liga darf. Kurioserweise war es bisher nur wenigen Bogentänzern vergönnt, in die beiden höchsten Ligen aufzusteigen. Nimmt vielleicht das Training für das »Yumitori-shiki« zu viel Zeit in Anspruch? Jedenfalls wird

DER KAMPF

der Sumōtori, der in der Regel zum Team eines Yokozuna gehört, für seinen Auftritt bezahlt.

Senshūraku – Der letzte Turniertag

Am letzten Tag eines Turniers *(senshūraku)* wird der Sieger des Basho bekanntgegeben, Pokale werden verliehen und Siegerehrungen abgehalten. Wenn es nach den Kämpfen der Makuuchi-Liga unentschieden steht, gibt es Ausscheidungskämpfe um den Turniersieg.

Sanyaku-Soroi-Bumi-Zeremonie, die nur am Schlusstag stattfindet.
Die sechs Rikishi der letzten drei Kämpfe treten getrennt nach Ost- und Westgruppe vor ihren Kämpfen noch einmal in den Ring. In der Mitte: Yokozuna Takanohana.

🔴 DER KAMPF
取組

Der traditionelle Autokorso für den Sieger Takanohana.
Links neben ihm sein Bruder Wakanohana.

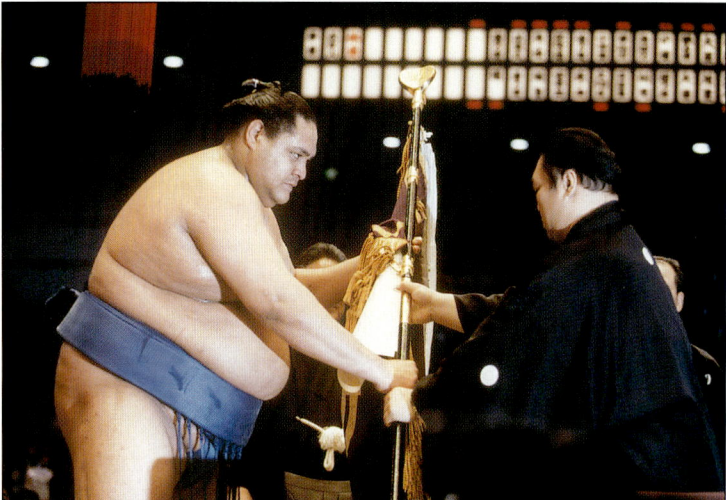

Akebono erhält die Siegerfahne.

Takanohana bei der Siegesfeier mit Freunden und Mitarbeitern.

Der Kaiserpokal in den Händen eines glücklichen Musashimaru.

Der Kaiserpokal für Takanohana. Der ca. 30 Kilogramm schwere Wanderpokal muss am ersten Turniertag des Folgeturniers wieder zurückgegeben werden. Dafür erhält der Gewinner dann eine kleine Nachbildung.

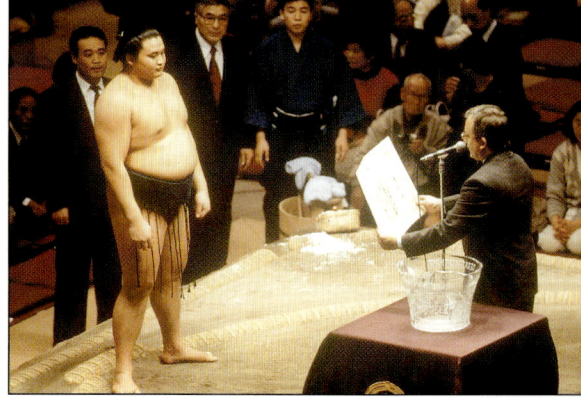

Sponsoren überreichen einen ausgesetzten Sonderpreis an Takanohana.

DER KAMPF

取組

Etwaige Stichkämpfe der unteren Divisionen werden vor dem Dohyō-iri (Einmarschzeremonie) der Makuuchi-Liga ausgetragen. Wenn zwei Rikishi mit dem gleichen Ergebnis vorne liegen, gibt es einen Entscheidungskampf. Haben drei Sumōtori das gleiche Ergebnis, muss einer die beiden anderen hintereinander besiegen, um sich den Titel zu holen. Sind mehr als drei Rikishi im Gleichstand, wird gelost, wer gegen wen im »K.o.-System« kämpfen muss. Ein Stichkampf ist übrigens die einzige Gelegenheit, bei der zwei Rikishi aus dem gleichen Heya (Stall/Team) gegeneinander kämpfen müssen.

Der Preis eines Sponsors für den Turniersieger beim Basho von Nagoya: 66 Sakefässer.

Vor den letzten drei Kämpfen der Makuuchi-Division am letzten Turniertag demonstrieren die sechs Sumōtori, die noch kämpfen müssen, das *Sanyaku Soroi-Bumi*. Dazu kommen zunächst die drei Rikishi der Ostgruppe in den Ring, stellen sich der Rangfolge nach auf, klatschen in die Hände und stampfen gleichzeitig mit den Füssen auf. Danach folgt die Westgruppe.

Die Sieger der drei letzten Paarungen erhalten alle Sonderpreise. Der Gewinner der drittletzten Begegnung erhält einen Pfeil, der Sieger des vorletzten Duells eine Bogensehne, und wer den letzten Kampf für sich entschieden hat, bekommt einen Bogen.

Wenn ein Rikishi ein Turnier gewonnen hat, geht der neue Champion erst einmal zurück in die Umkleidekabine. Während er dort sein Haar gerichtet bekommt, beantwortet er die Fragen der Presse. Anschließend geht er über den Osteingang in das Dohyō zurück. Nachdem die japanische Nationalhymne gespielt worden ist, hält der Präsident des japanischen Sumō-Verbandes eine kurze Ansprache und überreicht dem glücklichen Gewinner den 30 Kilogramm schweren *Tennō-Hai*, den Kaiserpokal. Allerdings ist der »Tennō-Hai« nur ein Wanderpokal. Am ersten Tag des nächsten Basho muss er wieder abgegeben werden. Statt dessen erhält der Turniersieger dann eine kleine Nachbildung, die er behalten darf. Außer dem »Tennō-Hai« bekommt der Turniersieger noch

DER KAMPF

取組

zahlreiche Sonderpreise, wie die Siegerfahne, den Pokal des Ministerpräsidenten und natürlich ein Preisgeld. Ein Portrait des Siegers wird ab sofort in der Kokugikan aufgehängt. Darüber hinaus gibt es Preisgelder von Sponsoren und Ehrengaben von verschiedenen Honorationen und Firmen, darunter sind auch Sachpreise, wie Sakefässer, Thunfische, Reissäcke oder ein Jahresvorrat an Coca-Cola. Ein sehr interessanter Pokal ist der Freundschafts-Cup der Vereinigten Arabischen Emirate, der den freien Jahresbedarf an Benzin beinhaltet. Die Trophäe der Tschechisch-Japanischen Freundschaft trägt dem Sieger soviel Bier ein, wie er im Laufe eines Jahres trinken kann.

Neben den Preisen für den Turniersieger gibt es drei Sonderpreise *(sanshō)*, die an besonders gute Rikishi unter den Maegashira, Sekiwake und Komusubi vergeben werden. Voraussetzung dafür ist eine positive Kampfbilanz *(kachi-koshi)*, also mindestens acht Siege. Der *Ginōshō*, der Technikerpreis, geht an den Sumōtori, der in seinen Kämpfen mit besonders guten Techniken geglänzt hat. Der *Kantōshō* zeichnet den Rikishi aus, der mehr Kämpfe als erwartet gewonnen hat und dabei großen Kampfgeist bewiesen hat. Den *Shukunshō* erhält der Rikishi, der einige Favoriten geschlagen hat, also Siege gegen Ōzeki und Yokozuna erzielen konnte. Jeder Preis ist mit einem Preisgeld dotiert. Aus rein sportlicher Sicht gilt der Technikerpreis als die wertvollste Auszeichnung. Es ist auch möglich, dass ein Rikishi zwei oder gar alle drei Preise gleichzeitig erhält, was jedoch höchst selten vorkommt. Genauso kann es auch passieren, dass in einer oder allen Kategorien kein Preis vergeben wird.

Nach der etwa einstündigen Preisverleihung findet das *Te-uchi-shiki* statt, eine Zeremonie für die Rikishi, die ihr erstes Turnier beendet haben. Die neuen Rikishi, ein Schiedsrichter *(gyōji)* und der oberste Außenrichter *(shinpan)* stehen im Kreis um das Dohyō, lassen einen Pokal mit Sake herumgehen und klatschen in die Hände. Mit dieser Zeremonie ist das Turnier schließlich offiziell beendet.

ALLTAG IM HEYA
部屋の日常

3
Leben im Sumō-Stall

ALLTAG IM HEYA

部屋の日常

In Japan gibt es wohl kaum einen Jungen, der nicht davon träumt, einmal ein erfolgreicher Sumōtori zu werden. Mit ein Grund dafür ist, dass Sumō-Sportler ein sehr hohes Ansehen in der japanischen Gesellschaft genießen. Zudem locken natürlich die guten Verdienstmöglichkeiten im Profi-Sumō. Je nach Beliebtheits- und Bekanntheitsgrad können sich die Einnahmen zusätzlich durch lukrative Werbeverträge beträchtlich erhöhen.

Parallel zum Japanischen (Profi-)Sumō-Verband (Nihon Sumō Kyōkai) gibt es an den meisten Schulen und Universitäten Amateur-Sumō-Gruppen, die jedem offen stehen, sowie den japanischen Sumō-Bund für Amateure (Nihon Sumō Renmei). Regelmäßig finden auch hier Turniere und Meisterschaften statt. Hochschul- und Amateurmeister treten mitunter dann in das Profilager über.

> **Dewanoumi Ichimon:** Dewanoumi-Stall; Hatachiyama-Stall; Irumagawa-Stall; Kasugano-Stall; Kitanoumi-Stall; Mihogaseki-Stall; Musashigawa-Stall; Tamanoi-Stall
>
> **Tatsunami-Isegahama Ichimon:** Isegahama-Stall; Tatsunami-Stall; Ajigawa-Stall; Asahiyama-Stall; Kise-Stall; Kumagatani-Stall; Miyagino-Stall; Onaruto-Stall; Ōshima-Stall; Takashima-Stall; Tomozuna-Stall
>
> **Nishonoseki Ichimon:** Araiso-Stall; Futagoyama-Stall; Hanakago-Stall; Hanaregoma-Stall; Kataonami-Stall; Magaki-Stall; Matsugane-Stall; Minezaki-Stall; Naruto-Stall; Nishonoseki-Stall; Oguruma-Stall; Oshiogawa-Stall; Sadogatake-Stall; Taihō-Stall
>
> **Takasago Ichimon:** Takasago-Stall; Azumazeki-Stall; Hakaku-Stall; Kokonoe-Stall; Nakamura Stall; Takadagawa-Stall; Wakamatsu-Stall
>
> **Tokitsukaze Ichimon:** Tokitsukaze-Stall; Isenoumi-Stall; Izutsu-Stall; Kabutoyama-Stall; Kagamiyama-Stall; Michinoku-Stall; Minato-Stall; Shikihide-Stall; Tatsutagawa-Stall

Alle Sumōtori, Schiedsrichter *(gyōji)* und Ausrufer *(yobidashi)* gehören einem sogenannten Stall *(heya* bzw. *-beya)* an. Es gibt derzeit 50 Sumō-Ställe mit durchschnittlich jeweils 20 bis 50 aktiven Rikishi. Der Futagoyama-Stall ist mit über 50 Sumōtori der größte Stall. Jeder Stall gehört wiederum zu einem Gruppenstall, dem sogenannten *Ichimon*. Das *Ichimon* umfasst alle Ställe, die aus dem gleichen »Mutterstall« hervorgegangen sind. Mitunter trainieren die Rikishi des gleichen Ichimon auch zusammen *(rengō-geiko)*, um mit gleichstarken Gegnern kämpfen zu können.

Oberhaupt eines Stalls ist der sogenannte Oyakata, ein ehemaliger Sumōtori, der den Stall führt und die Nachwuchs-Rikishi trainiert. Entstanden sind die Heya in der Edo-Zeit mit der Einführung professioneller Sumō-Organisationen. Alle Sumō-Ställe werden vom japanischen Sumō-Verband finanziert, der auch den Oyakata eines Heyas auswählt und Lizenzen für die Eröffnung neuer Heya vergibt. Daneben gibt es außerdem Sponsorengruppen *(kōenkai)*, zu denen Privatleute und Firmen gehören, die die verschiedenen Heya oder einen einzelnen Sumōtori finanziell unterstützen.

ALLTAG IM HEYA

Ausbildung zum Sumōtori

Die meisten Anfänger im Profi-Sumō beginnen ihre Karriere schon recht früh, d.h. nach Abschluss der mittleren Reife. Die Voraussetzungen für eine Bewerbung sind ein Alter zwischen 15 und 22 Jahren, eine Mindestgröße von 1,75 Metern und ein Mindestgewicht von 75 Kilogramm. Ausnahmen gibt es allerdings für Jungen, die sich bereits im Amateur-Sumō profiliert haben und damit gute Voraussetzungen für eine Sumō-Karriere mitbringen. Um die Mindestgröße von 1,73 Metern zu erreichen, versucht man es Gerüchten zufolge auch mitunter mit ein paar Tricks. Mainoumi hat sich angeblich ein Silikonimplantat unter die Kopfhaut einpflanzen lassen. Leichtgewichtige Bewerber trinken vor dem offiziellen Wiegen nicht selten mehrere Liter Wasser, um das geforderte Gewicht zu schaffen.

Als einzige Bedingungen neben Größe und Gewicht gelten ein gesunder Körper und die Einwilligung der Eltern. Ausländische Sumōtori müssen dazu noch zwei japanische Bürgen aufweisen und ein gültiges Visum. Viele der jungen Hoffnungsträger stammen aus ländlichen Gebieten, da Jugendliche in der Stadt oftmals Baseball dem Sumō-Sport vorziehen. Teils rekrutieren sich die Bewerber aus den zahlreichen Schul- und Universitätsklubs, teils gehen die Heya selbst auf Talentsuche und sprechen leistungsfähige Nachwuchssportler direkt an. Die regionalen Schaukampftourneen *(jungyō)*, die zwischen den sechs Hauptturnieren unternommen werden, bieten dazu meist eine gute Gelegenheit. Es kommt aber auch vor, dass sich Jungen von selbst bei einem Sumō-Stall bewerben.

Zu Beginn müssen sich die Neulinge erst einmal glatt rasieren, da Bartträger nicht zugelassen sind, auch etwaige Tatoos müssen entfernt werden. Bei einigen Rikishi sind die Narben noch deutlich erkennbar. Jeder Anfänger muss

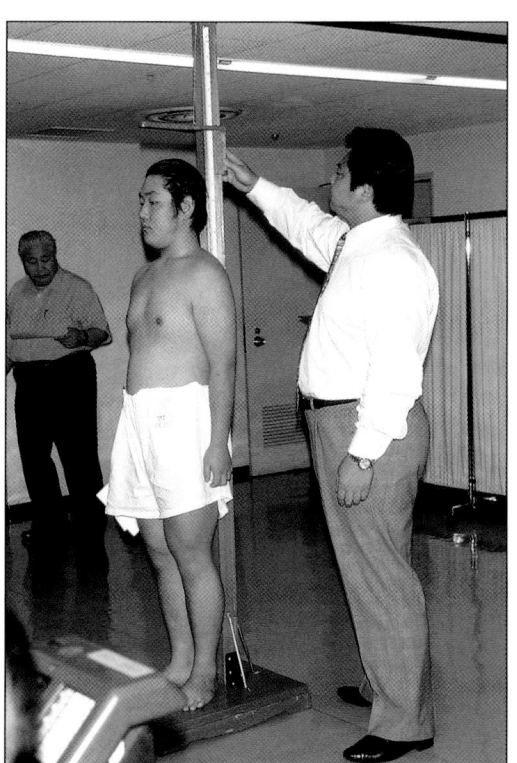

Größe und Gewicht der Sumō-Novizen müssen stimmen. Altmeister Chiyonofuji, jetzt Kokonoe Oyakata, prüft persönlich die werdenden Champions. Um die Mindestgröße von 1,75m zu erreichen, versucht man es Gerüchten zufolge auch mitunter mit ein paar Tricks. Von Mainoumi wird berichtet, dass er sich angeblich ein Silikonimplantat unter die Kopfhaut einpflanzen ließ.

Unterricht für Sumō-Anfänger. Selbst Sportmedizin und Kalligraphie stehen auf dem Lehrplan.

ALLTAG IM HEYA

部屋の日常

Feierliche Einführungszeremonie *(shussei hirō)* der neuen Sumōtori. Die Keshō-mawashi, prunkvolle Zierschürzen, die normalerweise von den Sekitori beim Dohyō-iri getragen werden, sind meist von älteren Rikishi aus dem eigenen Heya geliehen.

sich außerdem einer medizinischen Untersuchung *(shindeshi kensa)* unterziehen und besucht zunächst für sechs Monate die verbandseigene Sumō-Schule, wo unter anderem Grundtechniken gelehrt werden und in die Geschichte und Zeremonien des Sumō eingeführt wird. Auch Sportmedizin, Japanisch und Kalligraphie gehören zum Lehrplan. Alle Nachwuchs-Rikishi kommen zunächst in die Gruppe der Maezumō, eine Art ranglose Vorstufe, von der aus sie dann automatisch nach ihrem ersten Tunier in die unterste Gruppe der unbezahlten Ränge, die Jonokuchi, gelangen. In einer besonderen Zeremonie *(shussei hirō)* werden die jungen Rikishi während eines Turniers dem Publikum vorgestellt. Zu diesem Anlass tragen sie ebenfalls wie die Ranghöchsten beim Dohyō-iri, der offiziellen Ringeintrittszeremonie, einen schmuckvollen Keshō-mawashi (Zierschürze), den sie allerdings von einem ranghöheren Stallmitglied oder von ihrem Oyakata ausleihen.

Da das Leben eines Sumōtori als sehr hart gilt und stark vom bekleideten Rang abhängt, ist jeder bestrebt, möglichst schnell die Karriere-Leiter emporzusteigen, was jedoch nur selten gelingt. Es gibt rund 800 Rikishi im Profi-Sumō, von denen nur ganz wenige bis in die Klasse der Makuuchi (Maegashira, Komusubi, Sekiwake, Ōzeki und Yokozuna) aufsteigen. Ein großer Teil der Anfänger hält den Gang durch die harte Schule des Profi-Sumō nicht lange durch. Nur die wenigsten können am Ende auf eine mehr als zehnjährige aktive Sportlerzeit zurückblicken.

Alltag im Heya

Die Lebensart und Traditionen des Sumō spiegeln sehr stark die der japanischen Gesellschaft wider. Obwohl jeder Sumōtori für sich im Grunde ein »Einzelkämpfer« ist, ge-

Aogiyama, Kaiō und Tosanoumi (von li.) beim Training. Die ranghöheren Stallmitglieder tragen im Gegensatz zu den schwarzen Leinen-Mawashi der Neulinge einen weissen Kampfgürtel.

ALLTAG IM HEYA

部屋の日常

hört er einem Team an, dem Heya. Diesem gehört er bis zum Ende seiner Karriere an. Spektakuläre Teamwechsel, wie in anderen Sportarten üblich, gibt es im Sumō nicht. Mitglieder desselben Stalls treten bei offiziellen Turnieren nur in Ausnahmefällen gegeneinander an. Das Heya ist eine zentrale Institution im Sumō und stellt mehr als eine Trainingsstätte dar, in der Kampftechniken gelehrt werden. Es ist eine Art Familie für den Sportler, da man zusammen wohnt und isst und den ganzen Tag miteinander verbringt; mit Ausnahme der Verheirateten, die nicht im Heya wohnen und nur beim Training anwesend sind. Selbst während der Turniere außerhalb Tōkyōs gibt es temporäre Heya, in denen die Rikishi vor Ort zusammenwohnen.

Eine wichtige Rolle übernimmt innerhalb des Heya auch die Ehefrau des Oyakata, die sogenannte *Okami-san*, die als eine Art Mutterersatz für die jüngeren Rikishi gilt, beim Kochen hilft und andere wichtige Aufgaben an der Seite ihres Mannes übernimmt, wie den Kontakt zu Sponsorengruppen oder die allgemeine Verwaltung des Stalls.

In streng hierarchischer Ordnung leben Anfänger und Meisterkämpfer auf engem Raum zusammen. Nicht selten teilen sich fünf bis zehn Rikishi ein einziges Zimmer. Viel Privatsphäre für den einzelnen bleibt dabei nicht. Die Freizeit ist stark begrenzt, insbesondere für die jüngeren Rikishi, die als sogenannte *Tsukebito* jeweils einem ranghöheren Stallmitglied als Gehilfe zugeteilt sind und neben dem Training für die gesamte Hausarbeit, wie Saubermachen, Einkaufen, Kochen, Waschen usw., zuständig sind. Zur Rolle der Tsukebito gehört auch, dass sie den älteren Rikishi während des Trainings ihre Handtücher reichen, ihnen den Haarknoten binden, oder ihnen beim Gemeinschaftsbad den Rücken schrubben. Dieses Leben ändert sich erst durch den Aufstieg in einen höheren Rang. Nur die Ranghöchsten besitzen ein eigenes Zimmer und genießen zusätzliche Privilegien, wie zum Beispiel, dass sie vor den anderen essen dürfen, mehr Freizeit haben oder erst später zum Training gehen brauchen.

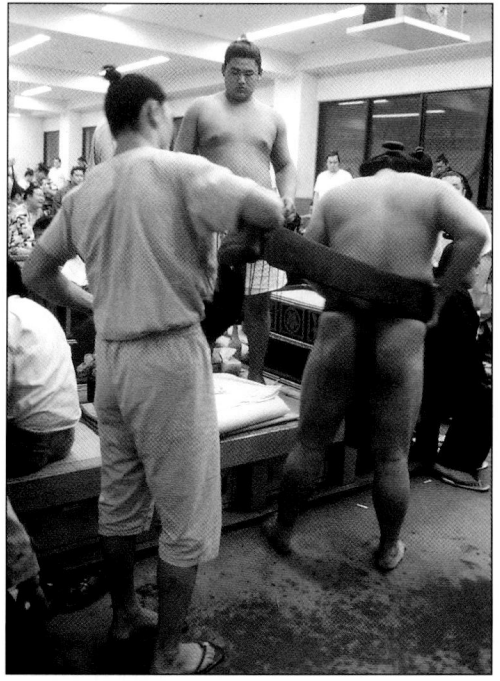

Letzte Korrekturen an der Frisur, bevor der Mawashi angelegt wird. Jüngere Rikishi sind ihren älteren Vorbildern, denen sie als Gehilfen, sog. *Tsukebito*, zugeteilt sind, immer hilfreich zur Hand.

Die jüngeren Stallmitglieder stehen in der Regel schon zwischen vier und fünf Uhr morgens auf. Zu ihren Aufgaben gehört es unter anderem, vor dem Training das Dohyō zu säubern und vor allem, wie bereits erwähnt, das Essen vorzubereiten. Der Nachmittag dient neben gelegentlich eingelegtem Extra-Training der Ruhe. Nachdem sich die Ranghöheren mit vollem Magen zur Ruhe begeben haben, essen die jüngeren Rikishi. Anschließend wird abgewaschen und die Zimmer werden saubergemacht und aufgeräumt. Erst dann haben sie Zeit, sich selbst ein wenig auszuruhen, bis sie letztlich das Abendessen

ALLTAG IM HEYA

部屋の日常

vorbereiten, das gegen 18 Uhr eingenommen wird. Der Rest des Abends dient der freien Verfügung, wobei die ersten bereits gegen 21 Uhr zu Bett gehen.

Das Leben im Sumō-Stall ist hart. Disziplin, Ausdauer und Selbstbeherrschung gehören zu den obersten Geboten. Wie in der japanischen Gesellschaft üblich, verstößt es gegen die Etikette, Emotionen zu zeigen. Nie würde ein Sumōtori beispielsweise die Entscheidung eines Schiedsrichters anzweifeln oder den Ärger über einen verlorenen Kampf äußerlich zeigen. Genauso wenig würde er Kommentare abgeben über den Kampf oder die Einschätzung seines Gegners.

Die Rangfolge beim Sumō ist streng hierarchisch. Der Aufstieg in den nächsthöheren Rang ist schwierig. Anders als üblich in der japanischen Gesellschaft, wo Alter und Berufsjahre den Zeitpunkt der Beförderung bestimmen, entscheidet beim Profi-Sumō einzig und allein die Zahl der Siege. Gewinnt ein Rikishi mehr als die Hälfte seiner Kämpfe - von den insgesamt fünfzehn Begegnungen also mindestens acht - spricht man von einem sogenannten »Kachi-koshi«. Wenn die Zahl der verlorenen Kämpfe überwiegt, ist es ein »Make-koshi«. In der Regel steigt ein Rikishi bei zwei aufeinander folgenden »Kachi-koshi« auf und bei zwei aufeinander folgenden »Make-koshi« ab. Ausnahmen gelten nur für Ōzeki und Yokozuna.

Training

Das als sehr hart geltende tägliche Training *(keiko)* findet morgens früh im Übungsring des Sumō-Stalls statt. Während die jüngeren Rikishi bereits gegen sechs Uhr mit dem Training beginnen, erscheinen die ranghöheren Stallmitglieder erst gegen acht Uhr im Dohyō. Der Oyakata, als Stalloberhaupt und Trainer zugleich, beobachtet das Training. Er wird in Abwesenheit durch ein älteres Stallmitglied vertreten.

Das Training umfasst unterschiedliche Dehnungs- und Kraftübungen insbesondere zur Kräftigung der Beinmuskulatur. Im Sumō-Sport ist es von großem Vorteil, einen möglichst tiefen Körperschwerpunkt zu haben, damit man weniger schnell aus dem Gleichgewicht gerät. Der natürliche Körperbau der Japa-

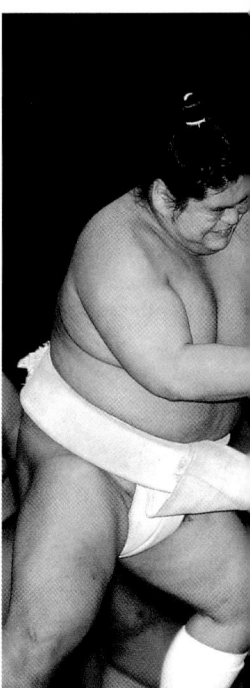

Akebono (re.) bekommt von einem jüngeren Stallgefährten Wasser gereicht. Die strenge Hierarchie im Heya verlangt Unterordnung der jüngeren Rikishi gegenüber den Älteren. Somit wird auch Anreiz gegeben, möglichst schnell besser zu werden, um ebenfalls die Vorteile der Ranghöheren genießen zu können.

ALLTAG IM HEYA

部屋の日常

Foto oben links: Auch bei Trainingskämpfen wird niemand geschont. Dejima (li.) attackiert mit voller Wucht.

Foto oben rechts: Musashimaru beginnt mit leichten Dehnungsübungen sein Training.

Foto unten rechts: Musashimaru als Lehrmeister. Mit dem Stock in seiner rechten Hand unterstreicht er seine Lektionen bei begriffsstutzigen Schülern gelegentlich durch einen leichten Hieb. Das ist in Japan bei einem »Sensei«, einem Lehrmeister, durchaus ganz normal.

Foto links: Trainingskampf. Musashimaru (li.) nimmt sich seinen Partner Wakanoyama zur Brust.

Foto oben: Sekiwake Musōyama (vorne) trainiert die klassische Fortbewegung der Sumōtori.

Foto unten: Eine der Hauptübungen, das *Matawari*.

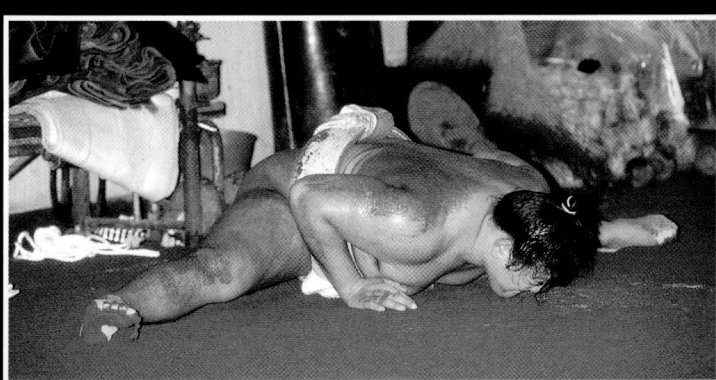

ALLTAG IM HEYA

ner mit relativ kurzen Beinen und einem langen Oberkörper kommt dem natürlich entgegen. Starke Beine, kräftige Hüften und ein massiger Bauch stabilisieren dabei zusätzlich einen festen Stand. Gewichtsklassen wie in anderen Sportarten gibt es im Sumō nicht.

Im allgemeinen gibt es drei traditionelle Hauptübungen zur Vorbereitung auf das eigentliche Training, die Übungskämpfe. Beim sogenannten *Matawari* sitzt man mit weit gespreizten Beinen auf dem Boden und versucht, mit Brust und Kopf den Boden zu berühren. Das sogenannte *Teppō* besteht in kräftigem Schlagen oder Drücken der Hände gegen einen Holzpfahl *(teppō-bashira)*. Beim *Shiko* hebt der Rikishi sein Bein so hoch wie möglich seitwärts in die Höhe - die Hand liegt dabei auf dem Knie - und stampft anschließend den Fuß mit voller Kraft auf den Boden. Diese drei Hauptübungen verfolgen den Sumōtori während seiner gesamten Sumō-Karriere. Einige Rikishi führen die Übungen sogar noch nach ihrem Rückzug aus dem aktiven Sumō-Sport durch. Erst in den letzten Jahren erweiterten Krafttraining mit Hanteln o.ä. und vereinzelt Jogging den Trainingsalltag.

Training im Musashigawa-Beya unter Aufsicht des Oyakata. Hier ist auch Yokozuna Musashimaru (3. v. li.) nur einer unter vielen.

Training im Azumazeki-Beya: Kurze Verschnaufpause für Yokozuna Akebono (hinten auf der Bank sitzend).

Nach diesen Übungen folgt das Kampftraining, wobei meistens der Sieger eines Kampfes weiterkämpfen und sich seinen nächsten Gegner aussuchen kann. Abschlussübung ist das sogenannte *Butsukari-geiko*. Dabei versucht ein Rikishi, seinen Gegner quer durch den Ring zu schieben, während dieser sich mit aller Kraft gegen ihn stemmt. Danach wird der Angreifer zur Fallübung mehrfach zu Boden geworfen.

Nach dem Training, das gegen elf Uhr endet, begeben sich die Rikishi ins Gemeinschaftsbad. Anschließend wird zu Mittag gegessen. Es ist die erste Mahlzeit am Tag. Vor dem Training wird weder etwas gegessen noch getrunken.

Ernährung

Sumō ist wohl der einzige Sport, in dem man, ohne auf die Figur achten zu müssen, soviel essen kann wie man möchte. Keine lästigen Diäten, kein knurrender Magen, sondern eher die bange Frage auf der Waage, ob man weiter zugenommen hat. Ganz so schlimm ist es sicher nicht. Immerhin gibt es eine Reihe von Rikishi, die einen weniger massigen als vielmehr muskulösen, drahtigen Körperbau haben und trotzdem erfolgreich sind. Die Ernährung der Sumōtori ist keineswegs ungesund, da sie hauptsächlich auf Fleisch und Gemüse basiert und daher sehr vitamin- und nährstoffreich ist. Allerdings sind es unglaubliche Mengen, die täglich verzehrt werden. Die Sportler nehmen ne-

ALLTAG IM HEYA

部屋の日常

ben zahlreichen Zwischenmahlzeiten, die auch westliche Speisen wie Spaghetti und Hamburger miteinschließen, zwei ernährungsbewusste Hauptmahlzeiten zu sich, nämlich mittags nach dem morgendlichen Training mit nüchternem Magen und abends. Das Hauptgericht in jedem Sumō-Stall ist *Chanko-Nabe*, eine Art Suppen-Eintopf mit viel Fleisch oder Fisch, verschiedenen Gemüsen und Tōfu, der meist mittags auf dem Speiseplan steht. Ein großer Chanko-Nabe-Topf wird jeden Tag von den jüngeren Rikishi frisch zubereitet. Als Fleischzutat verwendete man früher ausschließlich Hühnchen. Eine Gewohnheit, die auf dem alten Aberglauben beruht, dass der Verzehr von Fleisch vierbeiniger Tiere dazu führe, beim Kampf »auf allen Vieren« zu enden. Mittlerweile bevorzugen viele Rikishi jedoch Rind- oder Schweinefleisch, nicht zuletzt weil es kalorienreicher ist. Als Beilage zum Chanko-Nabe-Topf gibt es Reis und eine Vielzahl von Kleingerichten. Dazu trinkt man Reiswein *(sake)* oder Bier. Zum Abendessen wird meist kein Eintopf gereicht.

Die durchschnittliche Kalorienmenge, die ein Sumōtori pro Tag zu sich nimmt, beläuft sich auf etwa 4.000 bis 6.000 Kilokalorien, bei Sumō-Anfängern sogar bis zu 10.000 Kilokalorien. Dabei ist der Fettgehalt des Essens relativ gering. Damit der Körper die Kalorien gut ansetzen kann, legt man sich nach dem Essen schlafen. Nur so lässt sich der Körper eines echten Sumōtori formen.

Das Essen im Heya verläuft streng nach Hierarchie. Die ranghöchsten Stallmitglieder essen zuerst. Die jüngeren bereiten das

Das Hauptgericht in jedem Sumō-Stall ist Chanko-Nabe, eine Art Suppen-Eintopf mit viel Fleisch oder Fisch, verschiedenen Gemüse-Arten und Tōfu.

Die Teamgefährten Asahiyutaka I. (inzwischen zurückgetreten) und Kyokushūzan bei einem »kleinen Imbiß«. Die Ernährung eines echten Sumōtori ist vitamin- und nährstoffreich, Fleisch und Gemüse gehören zu den Hauptnahrungsmitteln. Die Menge, die pro Tag konsumiert wird, ist allerdings unglaublich.

ALLTAG IM HEYA

部屋の日常

Essen vor und kommen erst zum Zug, wenn alle anderen gesättigt sind.

Es gibt übrigens zahlreiche Chanko-Nabe Restaurants in Tōkyō, die von ehemaligen Rikishi geführt werden und in denen die gleichen Gerichte auf dem Speiseplan stehen wie in einem Heya *(Adressen im Anhang!)*.

Die Lebenserwartung eines Sumōtori liegt mit durchschnittlich 70 Jahren sechs Jahre unter der allgemeinen Lebenserwartung der männlichen Bevölkerung. Hoher Blutdruck, hohe Cholesterinwerte, Kreislaufbeschwerden und Herzprobleme gehören zu den Hauptrisikofaktoren und treten oftmals als Nebenerscheinung der Überernährung auf. Zu größeren gesundheitlichen Problemen kommt es aber meist erst dann, wenn sich ein Rikishi aus dem aktiven Sumō-Leben zurückzieht und entweder ohne Training nach wie vor enorme Kalorienmengen zu sich nimmt, oder aber versucht, in möglichst kurzer Zeit das Gewicht wieder zu reduzieren, was unter anderem zu Leber- und Nierenschäden führen kann. Wer seinen Körper dagegen mit vorerst leichterem Training und einer langsamen Umstellung der Essgewohnheiten umgewöhnt, trägt in der Regel keine ernsteren Gesundheitsschäden davon.

Muskelprotz Mainoumi, die »Mighty Mouse«, ist mit 101kg seit Jahren der leichteste, aber einer der technisch besten Rikishi der Jūryō-Liga.

Schwergewichte der Sumō-Welt	
Akebono (Yokozuna, 204cm)	234kg
Susanoumi (Jūryō, 1,84m)	233kg
Musashimaru (Yokozuna, 1,91m)	223kg
Dewaarashi (Jūryō, 1,84m)	187kg
Shikishima (Maegashira, 1,84m)	184kg
Kotonowaka (Maegashira, 1,90m)	175kg
Miyabiyama (Maegashira, 1,86m)	171kg
Musōyama (Komusubi, 1,86m)	168kg

Bezahlung

Neben den Sekitori (Rikishi der bezahlten Ränge) werden auch die Schiedsrichter *(gyōji)*, die Außenrichter *(shinpan)* und Ausrufer *(yobidashi)* vom japanischen Sumō-Verband bezahlt, der dazu die Gelder aus den Rücklagen der Turniereinnahmen verwendet. Die Grundgehälter werden jährlich neu festgelegt. In der Rangordnung der Sumōtori unterscheidet man zwei Hauptgruppen, die der bezahlten Ränge und die der unbezahlten Ränge. Zu den unbezahlten Rängen gehören Maezumō, Jonokuchi, Jonidan, Sandanme und Makushita. Sie erhalten außer einem »Startgeld« und freier Kost und Logis in einem der Sumō-Ställe keinerlei Entgelt, auch nicht im Falle eines Sieges. Im Rang von Jūryō, Maegashira, Komusubi, Sekiwake, Ōzeki und Yokozuna erhalten die Rikishi seit 1957 ein festes monatliches Gehalt.

Maegashira Higonoumi aus dem Mihogaseki-Beya gehört mit 148kg bei einer Größe von 1,82m eher zu den »Mittelgewichten«.

ALLTAG IM HEYA

部屋の日常

Die derzeitigen Grundgehälter, die von der Sumō Kyōkai bezahlt werden, belaufen sich auf:

Yokozuna	42.000,- DM
Ōzeki	35.000,- DM
Sekiwake	25.500,- DM
Komusubi	19.500,- DM
Maegashira	19.000,- DM
Jūryō	15.500,- DM

Dazu kommen zusätzlich noch individuelle Aufschläge für gewonnene Turniere oder Sonderpreise. Doch der Weg bis in die obersten bezahlten Ränge ist weit. Wenn ein Rikishi innerhalb von fünf Jahren oder 30 Turnieren es nicht geschafft hat, in die Makushita-Division aufzusteigen, muss er zurücktreten. Die Makushita-Division ist die Vorstufe zur bezahlten Jūryō-Liga. Die Zahl der Rikishi liegt hier bei 120. Sie sind in eine Ost- bzw. West-Gruppe eingeteilt und darin jeweils von 1 bis 60 durchnummeriert. Herausragende Spitzensportler von Universitätsklubs dürfen gleich in der Makushita-Division einsteigen und brauchen sich nicht durch die Knochenmühlen der unteren Ligen zu kämpfen. Zu denen, die dieses Privileg bislang genossen, gehören Wajima, Asahio, Mainoumi, Musōyama, Tosanoumi, Tomonohana, Higonoumi, Hamanoshima, Asanowaka und Dejima.

Mit dem Aufstieg in die Jūryō-Liga genießt der Sumōtori neben einem festen Gehalt noch andere Privilegien. Beim Training darf er einen weißen Mawashi tragen, und während Turnieren trägt er nun einen Mawashi aus Seide mit *Sagari* (dekorative Zierfransen am Gürtel) sowie einen Ō-ichō-mage-Knoten. Desweiteren steht ihm ab sofort ein Gehilfe *(tsukebito)* zur Seite, der beim Anziehen hilft, sich um die Wäsche kümmert, das Gepäck trägt oder sonstige Dinge für ihn erledigt. Ein *Sekitori* (Rikishi der bezahlten Ränge) bekommt außerdem einen *Keshō-mawashi* (schmuckvolle Zierschürze) und nimmt am *Dohyō-iri*, der offiziellen Ringeintrittszeremonie, teil. Er darf einen Regenschirm tragen (die unteren Ränge müssen sich nass regnen lassen) und genießt mehr Privatsphäre, da er im Heya ein eigenes Zimmer bekommt. Er darf später zu Bett gehen und morgens später zum Training erscheinen. Auch die bei Fans so beliebten *Tegata* (Handabdrucke) kann er von nun an fertigen lassen, und Autogramme darf er schreiben.

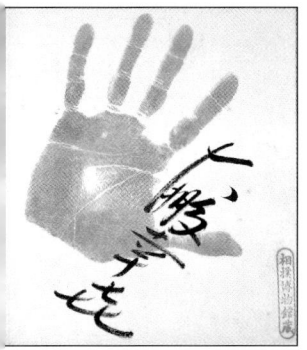

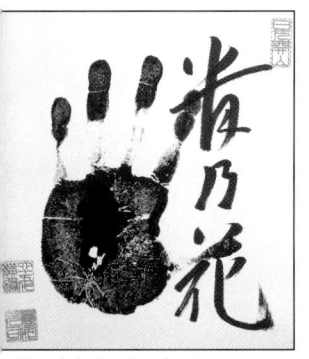

Handabdrucke der Sumōtori, sogenannte *Tegata*, sind beliebte Souvenirs für Sumō-Fans. Sie dürfen allerdings erst von Rikishi ab der Jūryō-Liga erstellt werden.

Kaum ist das Training beendet stärken sich Aogiyama (li.) und Shikishima (re.) mit *Yakitori*, gegrillten Hühnerfleischspießen. Beide bekleiden einen Maegashira-Rang und genießen die allgemeinen Privilegien der Sekitori, der Rikishi bezahlter Ränge.

ALLTAG IM HEYA

Speziell für die Maegashira-Ränge gibt es neben dem festen Gehalt der Sumō Kyōkai noch eine weitere Einkunftsmöglichkeit. Wenn es ihnen gelingt, einen Yokozuna zu schlagen, erhalten sie einen *Kinboshi*, einen goldenen Stern. Pro Kinboshi gibt es wiederum eine bestimmte Geldsumme für jeden Turniertag (z.Zt. umgerechnet ca. 450,- DM). Der Rekordhalter für »Kinboshi« ist Akinoshima, er hat in seiner Karriere bislang 16 goldene Sterne gesammelt.

Komusubi und Sekiwake erhalten einen zusätzlichen Bonus von ca. 900,- DM, wenn sie in einem Turnier mehr als 11 Tage am Start waren. Ōzeki bekommen ca. 2.600,- DM, darüber hinaus steht ihnen bei ihrer Ernennung noch eine einmalige Sonderzahlung von knapp 9.000,- DM zu.

Ein Yokozuna bekommt eine Bonuszahlung von umgerechnet ca. 3.500,- DM, wenn er mindestens 11 Tage am Turnier teilgenommen hat. Anläßlich seiner Beförderung erhält er ca. 17.500,- DM.

Das ist aber noch nicht alles, was Sumōtori verdienen können. Bei den meisten Kämpfen haben Sponsoren sogenannte *Kenshō-Kin*, Siegesgelder, ausgesetzt. Natürlich profitieren davon meistens die höherrangigen Rikishi. Viele von ihnen erzielen außerdem durch lukrative Werbeverträge beachtenswerte Nebenverdienste.

Shikona – Ringnamen

Alle Sumōtori legen im Laufe ihrer Karriere den Geburtsnamen ab und nehmen einen Ringnamen *(shikona)* an, den sie von ihrem Teamchef, dem Oyakata, verliehen bekommen. Da im Japanischen jedes Schriftzeichen *(kanji)* eine eigene Bedeutung hat, wählt man eine Kombination aus Zeichen, die eine bestimmte Symbolik haben. Zwei oder drei Kanji stehen meist für Glück und Stärke. Der zweite Teil des Namens greift oftmals den Namen des Heya oder des Mentors auf. So tragen beispielsweise die Rikishi des Musashigawa-beya die Silben »musashi« bzw. »mu« in ihren Ringnamen, wie Musashimaru oder Musōyama. Takanohana, Takanonami und Takatōriki tragen die Silbe »taka« aus dem Namen ihres Mentors Takanohana I. in ihren Shikona. Takanohana und Wakanohana übernahmen den Ringnamen ihres Vaters bzw. Onkels.

Beliebte Namensbestandteile sind auch Begriffe aus der Natur wie »kawa« bzw. »gawa« (Fluss), »hana« (Blume), »yama« (Berg) oder »umi« (Meer). Nur ganz selten kommt es vor, dass Rikishi ihren Familiennamen beibehalten. Im Range eines Yokozuna gab es bislang nur Wajima, der keinen Ringnamen annahm.

Zu den Schaukämpfen beim Intai-zumō gehört auch das Kinder-Sumō, wobei die Kleinen gegen einen bekannten Sumōtori antreten dürfen. Im Bild kämpft ein 28kg leichter kleiner Rikishi gegen den zehnmal schwereren Konishiki.

Danpatsu-shiki – Die Rücktrittszeremonie

Zieht sich ein Sumōtori aus dem aktiven Sumō-Leben zurück, findet die traditionelle Zeremonie des *Danpatsu-shiki* statt, wobei der Haarknoten des Sumōtori abgeschnitten wird. Eingebunden in ein buntes Unterhaltungsprogramm, wobei auch

ALLTAG IM HEYA

部屋の日常

Der zweimalige Turniersieger Kotonishiki mit einem seiner Sprößlinge beim Intai-zumō.

Schaukämpfe *(intai-zumō)* aufgeführt werden, findet die Zeremonie in der Regel eine Woche nach einem Tōkyō-Basho statt. Für den betroffenen Sumōtori ist es ein bedeutender Tag und Lebenseinschnitt. Mit seinem Haarknoten legt er auch seinen Ringnamen ab, den er als Rikishi getragen hat. Bei der eigentlichen Zeremonie sitzt der Sumōtori, in traditioneller *Haori* (Überjacke) und *Hakama* (eine Art Hosenrock für Männer) gekleidet, in der Mitte des Ringes, während Freunde, Förderer und Kollegen kleinere Strähnen seines Haarknotens abschneiden. Die dafür verwendete goldene Schere wird von einem dem Rang des Rikishi entsprechenden Schiedsrichter überreicht. Schließlich schneidet der Oyakata des Sumō-Stalls, dem der Sumōtori angehört, mit einem letzten Schnitt den ganzen Haarzopf ab. Fast kein Sumōtori kann bei dieser Zeremonie seine Tränen verbergen.

Das Leben danach

Ehemalige Sumōtori, die sich aus dem aktiven Sumō-Sport zurückgezogen haben und mit der Erlaubnis der Sumō-Kyōkai teilweise selbst einen Stall leiten, nennt man *Oyakata*. Sie bilden und verwalten gleichzeitig den Sumō-Verband. Es stehen insgesamt 105 Oyakata-Titel (sog. *toshiyori-kabu* oder *myōseki*) zur Verfügung, die jeweils beim Ausscheiden eines Oyakata mit 65 Jahren an einen Nachfolger weitergegeben werden. Während in der Edo-Periode (1603-

Foto links: Danpatsu-shiki, das Rücktrittszeremoniell. Freunde, Weggefährten, hohe Sumō-Funktionäre und zuletzt der Oyakata schneiden jeder ein Stück von Kirishimas Haarschopf ab.

Foto unten links: Auch Konishiki, langjähriger Rivale und gleichzeitig mit Kirishima im Rang eines Ōzeki gewesen, schneidet eine Haarsträhne ab.

Foto unten rechts: Ex-Ōzeki Kirishima verbeugt sich vor dem Publikum im Tōkyōter Kokugikan.

ALLTAG IM HEYA

部屋の日常

1867) jeder Rikishi Oyakata werden und den Namen des Oyakata seines eigenen Stalls übernehmen konnte – im Gegenzug verpflichtete er sich, für seinen »Lehrmeister« und seine Frau bis zu deren Lebensende zu sorgen – ist das System heutzutage streng reglementiert. Die Bestimmungen des japanischen Sumō-Verbands sehen vor, dass ein Rikishi bei mindestens 25 Turnieren in der Klasse der Jūryō oder der Makuuchi gekämpft haben muss oder bei 20 Turnieren in Folge, um einen Oyakata-Titel entweder kaufen oder »entleihen« zu können. Außerdem muss ein Rikishi die japanische Staatsangehörigkeit besitzen, um den Titel eines Oyakata tragen zu dürfen.

Der Preis eines Oyakata-Titels ist angesichts der großen Nachfrage, der Begrenztheit der Titel und der gestiegenen Lebenserwartung der Sumōtori sehr hoch. Die preiswertere Alternative zum Kauf eines Titels ist die Leihgabe durch einen ernannten Oyakata. Er kann seinen Titel für einige Jahre an einen jüngeren Anwärter verleihen, damit dieser in der Sumō-Welt verbleiben kann, bis er das nötige Geld zum Kauf eines eigenen Titels aufgebracht hat. Als besonders große Ehre gilt, wenn ehemalige herausragende Yokozuna ihren Namen als Oyakata-Titel weiter führen dürfen, wie beispielsweise die früheren Yokozuna Taihō und Kitanoumi (man spricht in diesem Fall von sogenannten *ichidai toshiyori*).

Neben den 105 Oyakata-Titeln für ehemalige Rikishi bezeichnet man auch die Namen der beiden höchsten Schiedsrichter, Kimura Shonosuke und Shikimori Inosuke, als *Toshiyori kabu*.

Oyakata, die keinen eigenen Stall *(heya)* führen können oder wollen, schließen sich mitunter irgendeinem Heya als Trainer an, oder sie fungieren als Außenrichter bei Turnieren. Alle Oyakata sind bei der Sumō-Kyōkai angestellt und beziehen ein festes Gehalt.

Da die Möglichkeit, Oyakata zu werden, nur den Rikishi der oberen Ränge offen steht, stellt sich die Frage, was die weniger erfolgreichen Sumōtori nach ihrem Rückzug aus der Sumō-Welt tun. Einige wechseln ins Mediengeschäft und arbeiten als Sportkommentatoren für Rundfunk und Fernsehen. Viele ziehen sich ganz aus der Welt des Sumō zurück. Sehr populäre Sumōtori verdienen oft noch lange nach ihrem Rückzug an beträchtlichen Werbeeinnahmen. So zum Beispiel Konishiki, der inzwischen zu einem erfolgreichen Geschäftsmann aufgestiegen ist.

Sehr beliebt ist aber auch die Eröffnung eines Chanko-Nabe-Restaurants, wo hauptsächlich verschiedene Variationen des bekannten Suppen-Eintopfs angeboten werden, dessen Zubereitung jeder Rikishi beim Küchendienst während seiner Ausbildungszeit gelernt hat, wobei jedes Heya natürlich ein eigenes Geheimrezept hat. Diese Restaurants sind in der Regel in Familienbesitz und werden an die Söhne weitergegeben, nachdem diese eine Zeit lang als aktive Sumōtori verbracht haben. Sie ähneln meist einem kleinen Sumō-Museum, in dem sämtliche Siegestrophäen der Väter und Söhne ausgestellt sind, und sind Treffpunkt nicht nur eingeschworener Sumō-Fans, sondern auch aktiver Sumō-Sportler.

URAKATA
裏方

4

Urakata – Menschen im Hintergrund

URAKATA

裏方

Im Mittelpunkt eines Turniers stehen natürlich die Rikishi, aber wie in jeder Sportart gibt es auch im Sumō einen großen Kreis von Personen, die zwar im Hintergrund stehen *(urakata)*, aber den Ablauf eines Turniers *(basho)* wesentlich mitbestimmen. Zu diesem Personenkreis, deren Leben ganz mit dem Sumō verbunden ist, gehören die Schiedsrichter *(gyōji)*, die Außenrichter *(shinpan)*, die Ausrufer *(yobidashi)* und die Friseure *(tokoyama)*.

Die Gyōji

Die Schiedsrichter *(gyōji)* sind neben den Sumōtori die auffälligsten und angesehensten Erscheinungen rund um den Ring. Als einzige »Urakata« erscheinen ihre Namen mit denen der Rikishi und Trainer auf der Rangliste *(banzuke)*.

In der Mitte des 18. Jahrhunderts wurden die Gyōji ausschließlich von zwei Familien gestellt, den Shikimori und den Kimura, die ihre Posten an die Nachkommen vererbten. Ihre lange Amtszeit wirkt sich bis heute auf die Namensgebung der Schiedsrichter aus. Noch immer tragen die Schiedsrichter ausschließlich die Namen Kimura bzw. Shikimori, je nachdem wessen Nachfolge sie jeweils antreten. In der Ausführung ihrer Tätigkeit gibt es zwischen beiden feine Unterschiede, so zum Beispiel beim Halten des Schiedsrichterschilds *(gunbai)*, mit Hilfe dessen die Sumōtori bei einem Kampf gelenkt und schließlich der Sieger angezeigt wird. Ein Kimura hält seinen Schild beim Ausrufen der Namen mit der Vorderseite nach unten, ein Shikimori nach oben.

Wer sich für eine Laufbahn als Schiedsrichter entscheidet, schließt sich nach Schulabschluss einem Team bzw. Stall *(heya)* an. Oft sind es sumōbegeisterte Jugendliche, die nicht die körperlichen Voraussetzungen besitzen, um eine eigene Laufbahn als Sumōtori zu starten. In einem Heya finden sie Unterkunft und Verpflegung und leben dort gemeinsam mit den Rikishi, meistens bis zur Heirat. Eine Ausbildung durch den Verband mit Lehrgängen und Prüfungen zum Schiedsrichter, wie es bei anderen Sportarten praktiziert wird, gibt es im Sumō nicht. Wie ein Lehrling bekommt der junge Schiedsrichteranwärter von einem älteren und erfahrenen Gyōji das nötige »Know-how« vermittelt. Bis auf die ganz kleinen Heya haben in der Regel alle mindestens einen Unparteiischen.

Die harte Ausbildung und die strenge Lebensweise in einem Heya sind für die enthusiastisch gestarteten Jugendlichen allerdings oft sehr ernüchternd, viele von ihnen geben während ihres ersten Lehrjahres bereits wieder auf. Die Zahl der Schiedsrichter ist auf 45 begrenzt. Alle sind bei der Nihon Sumō Kyōkai, dem Japanischen Sumō-Verband, angestellt.

Wie alles in dieser Sportart unterliegt auch das System der Gyōji einer streng hierarchischen Ordnung. Ein Schiedsrichter beginnt natürlich ganz unten als Unparteiischer in der Jonokuchi-Division, in der die Sumō-Anfänger kämpfen. Der Aufstieg eines Gyōji in die höheren Ränge kann sehr langwierig sein. 15 Jahre kann es dauern, bis man in die Jūryō-Liga aufsteigen darf. Um ganz nach oben an die Spitze der Gyōji zu kommen, muss manch einer eine 40-jährige Wartezeit in Kauf nehmen. Im Gegensatz zu den Sumōtori, die nach jedem Turnier neu eingestuft werden, steht bei den Unparteiischen nur einmal im Jahr eine Beförderung an. Degradierungen gibt es nicht. Hat ein Gyōji mehrmals falsch entschieden – man spricht von einem sogenannten *Sashi-chigai* – wird er bei der nächsten Beförderung einfach übersehen. Ausschlaggebend für

Nur die Gyōji ab der Jūry[ō] Liga dürfen Seidenkimonos u[nd] weiße Socken *(tabi)* trage[n]. Die traditionelle Kleidung d[er] Schiedsrichter ist schon üb[er] 600 Jahre alt. Man nennt s[ie] im Japanischen *Hitata*[re]. Die komplette Ausstattung [für] einen Gyōji mit *Hitata*[re], Schiedsrichterschild *(gunba[i)*, *Tabi* und Hut, dem *Ebos*[hi], kostet umgerechnet mehr [als] 100.000 Ma[rk].

URAKATA

裏方

die Einstufung in einen höheren Rang ist in erster Linie die Leistung, erst dann folgt der Aspekt der Erfahrung und die Länge der Tätigkeit in der bisherigen Stufe. Da, wie bereits erwähnt, nur 45 Positionen zu besetzen sind und die Beförderungen auf sich warten lassen, gibt es Kampfrichter, die es während ihrer Laufbahn nicht schaffen, in die Makuuchi-Division, die Eliteliga, zu gelangen.

Während bei den Sumōtori die Anzahl der Ranghöchsten, nämlich Yokozuna und Ōzeki, nicht festgelegt ist, gibt es bei den Unparteiischen immer zwei Ranghöchste, die sogenannten *Tate-Gyōji*. Nur sie sind berechtigt, die Kämpfe der Yokozuna zu richten. Für den Fall, dass es vier oder mehr Yokozuna gibt, werden ein oder zwei Kämpfe mitunter auch an den zweit- bzw. dritthöchsten Schiedsrichter delegiert.

Die Tate-Gyōji tragen immer dieselben Namen, Shikimori Inosuke und Kimura Shonosuke. Von beiden wiederum ist Kimura Shonosuke der etwas höher stehende. Er darf den letzten Kampf des Tages leiten. Wenn er zurücktritt (alle Gyōji gehen mit 65 Jahren in den Ruhestand), rückt der zweite Tate-Gyōji nach, und der Mann, den man bislang als Shikimori Inosuke im Ring kannte, legt diesen Namen ab und heißt von nun an Kimura Shonosuke. So kann es also sein, dass ein Gyōji, der als Kimura seine Schiedsrichterkarriere startete, im Laufe der Zeit mehrfach seinen Namen wechseln muss. Dieses System ist kompliziert und für Außenstehende nur schwer zu durchschauen.

Die Tate-Gyōji tragen während des Kampfes immer ein kleines Schwert in ihrem Gürtel, das *Tantō*. Es soll sie daran erinnern, bei Fehlentscheidungen Seppuku, also den rituellen Selbstmord, zu begehen. Natürlich hat das Tantō nur symbolische Bedeutung.

<u>Die Kleidung des Tate-Gyōji:</u>

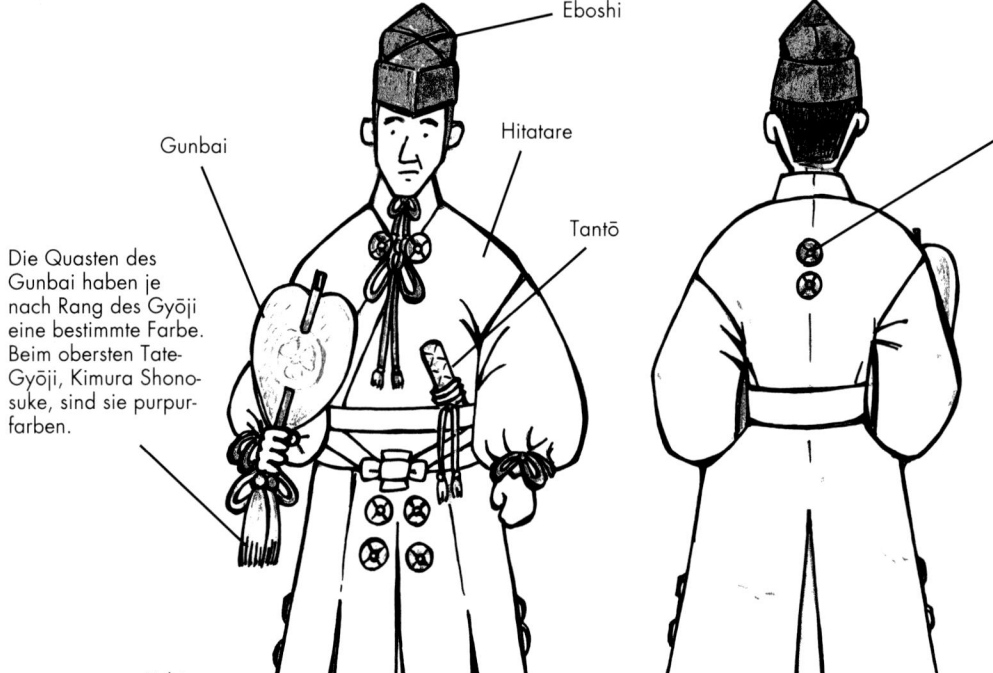

Eboshi · Hitatare · Tantō · Gunbai · Tabi · Setta

Die Quasten des Gunbai haben je nach Rang des Gyōji eine bestimmte Farbe. Beim obersten Tate-Gyōji, Kimura Shonosuke, sind sie purpurfarben.

Diese Rosetten haben je nach Rang des Gyōji eine bestimmte Farbe. Beim obersten Tate-Gyōji, Kimura Shonosuke, sind sie purpurfarben.

Die Kleidung der Gyōji hat Tradition und wurde früher von den Samurai getragen. Der Gunbai war ursprünglich eine Art Kampfschild, den der Shōgun trug, wenn er in den Kampf zog.

Wenn ein Tate-Gyōji einen schweren Fehler begangen hat, reicht er sein Rücktrittsgesuch ein, eine Art des symbolischen Selbstmordes. Auch wenn der Verband dieses in der Regel ablehnt, wird mit diesem Ritual die große Bedeutung der Aufgabe und seine Verantwortung demonstriert. Es hat aber in der Vergangenheit schon einige Fälle gegeben, in denen das Rücktrittsgesuch angenommen wurde, weil der Verband froh war, auf diese Weise einen ungeliebten Gyōji bequem loszuwerden. So auch im Jahre 1972: der damalige Kimura Shonosuke Nr. 25 hatte unaufgefordert mit den fünf Außenrichtern, den Shinpan, über die Aufhebung eines Urteils diskutiert. Normalerweise darf der Gyōji dieser Beratung nicht beiwohnen, es sei denn, er wird ausdrücklich darum gebeten.

In den unteren Ligen von Jonokuchi bis Makushita, der dritthöchsten Division, tragen alle Schiedsrichter einen Baumwollkimono, der, einer Knickerbocker ähnlich, über den Knien abgenäht ist. Außerdem treten sie barfuß in den Ring. Ab der zweiten Liga (Jūryō) bis zu den Tate-Gyōji ist ein knöchellanger Seidenkimono die offizielle Tracht der Schiedsrichter.

Äußerlich ist gut zu erkennen, in welchem Rang ein Kampfrichter steht. In den unteren Ligen von Jonokuchi bis Makushita, der dritthöchsten Division, tragen alle einen Baumwollkimono, der, einer Knickerbocker ähnlich, über den Knien abgenäht ist. Außerdem treten sie barfuß in den Ring. Ab der zweiten Liga (Jūryō) bis zu den Tate-Gyōji ist ein knöchellanger Seidenkimono die offizielle Tracht der Schiedsrichter. Die Unparteiischen der Jūryō- und der Makuuchi-Liga tragen außerdem sogenannte *Tabi*, traditionelle japanische Socken, bei denen der große Zeh extra abgenäht ist. Die Gyōji, die die Kämpfe der obersten Sanyaku-Ränge, d.h. ab Komosubi, leiten dürfen, tragen zu den Tabi noch *Setta*, die typischen Strohsandalen (*zōri*) mit Ledersohlen.

Zu unterscheiden sind die Ränge auch an den verschiedenen Farben ihrer Streifen und Quasten an Brust, Ärmel und Schild. Bis zur Makushita sind sie entweder blau oder schwarz, in Jūryō blau und weiß, ab Makuuchi rot und weiß. Die Sanyaku-Schiedsrichter tragen rot, der zweithöchste, Shikimori Inosuke, purpur und weiß; Kimura Shonosuke, der Chef, trägt ausschließlich purpur. Diese farbliche Kennzeichnung der verschiedenen Klassen stammt aus der Heian-Zeit (794-1185). Heian ist der frühere Name der alten Kaiserstadt Kyōto. Damals gab es eine strenge, farblich sichtbar gemachte Rangordnung mit Purpur an der Spitze.

Im Ring bestimmt der Gyōji das Geschehen, seinen Anweisungen folgen die Sumōtori ohne den geringsten Protest. Eine Diskussion mit dem Schiedsrichter oder gar eine Beschimpfung, wie es in anderen Sportarten fast zur Tagesordnung gehört, ist im Sumō unvorstellbar. Der Gyōji ist eine absolute Respektsperson im Ring, der uneingeschränkt und souverän den Kampf beherrscht.

Die Unparteiischen der unteren Kategorien leiten fünf bis maximal zwölf Kämpfe pro Turniertag. Etwas weniger zu tun haben die Gyōji von Jūryō aufwärts, sie sind für zwei Begegnungen verantwortlich, aber hier ist die Belastung durch die öffentliche Aufmerksamkeit auch ungleich höher. Der Ranghöchste, Kimura Shonosuke, leitet immer nur ein Duell, und zwar das letzte des Tages.

Das Beurteilen der Aktionen im Ring ist nicht die einzige Aufgabe des Schiedsrichters. Zunächst betritt er die Kampffläche und ruft die Namen der beiden Kontrahenten aus. Dabei deutet er an ungeraden Turniertagen mit seinem Schild zunächst nach Osten und dann nach Westen, und an geraden Tur-

URAKATA

裏方

niertagen in umgekehrter Reihenfolge. Auch beobachtet und begleitet er die Rikishi während des Aufwärmprogramms. Wenn er sich frontal mit Körper und Gesicht zwischen die Sumōtori stellt und dabei den Gunbai am ausgestreckten Arm nach vorn hält, ist dies das Startsignal zum Kampf. Dazu kommt sein Kommando: »Kamaete, matta nashi!«, das heißt soviel wie: »Auf die Plätze, die Zeit ist um!«. Er achtet darauf, dass die Sumōtori mit beiden Fäusten den Boden berührt haben, bevor sie in den »Tachi-ai« starten, den wuchtigen Aufprall, wenn sie aus der Hocke explosionsartig nach vorne schnellen. Wenn der »Tachi-ai« fehlerhaft ist, zum Beispiel beide

Einer der beiden ranghöchsten Gyōji liest vor den Kämpfen der Makuuchi-Division die Paarungen des nächsten Tages vor.

Fäuste nicht gut sichtbar den Boden berührt haben, muss der Gyōji den Kampf sofort unterbrechen und neu starten lassen. Während der Kampf läuft, und die Sumōtori in Bewegung sind, ruft der Gyōji mit einer durchdringenden, sehr hohen Stimme: »Nokotta, nokotta!«. Damit werden die Kontrahenten angefeuert. Es heißt soviel wie: »Weiter, ihr seid noch im Ring!«. Ist der Kampf aber zum Stillstand gekommen, die Gegner verharren zum Beispiel mit Griff am Gürtel in einer Pattsituation, ruft der Gyōji: »Hakkeyoi!«, um die Sumōtori wieder zu ermuntern: »Los, tut etwas, bewegt euch!«.

Die durchschnittliche Kampfzeit beträgt 15 Sekunden, es gibt aber auch Begegnungen, die mehrere Minuten dauern. Dann kann der Gyōji den Kampf stoppen, damit die schwitzenden Kolosse Wasser trinken können. Solche Unterbrechungen kommen heute aber eigentlich gar nicht mehr vor. Des öfteren ist allerdings zu beobachten, dass ein Schiedsrichter den Kampf anhält und einem der beiden Sumōtori, die dabei den Griff am Gegner behalten, den gelockerten Gürtel festzurrt, ehe er zu Boden fällt.

Der Gyōji muss höchst aufmerksam den gesamten Kampf im Blick behalten und auch die kleinsten Details sofort erfassen und richtig beurteilen. Noch bevor der Rikishi im Eifer des Gefechtes selbst registriert hat, dass sein kleiner Zeh den Boden außerhalb des Ringes berührt, muss der Gyōji dies erkannt haben und sein Urteil fällen. Schwierig wird es auch, wenn beide Gegner zu Fall kommen und nahezu gleichzeitig am Boden aufschlagen. Auch jetzt muss sich der Schiedsrichter innerhalb von Bruchteilen einer Sekunde entscheiden und den Gunbai zur Seite des Siegers halten. Es passiert dabei durchaus, dass er die

Kommandos der Gyōji:

Kamaete, matta nashi!	»Auf die Plätze, die Zeit ist um!«
Nokotta, nokotta!	»Weiter, ihr seid noch im Ring!«
Hakkeyoi!	»Los, tut etwas, bewegt euch!«
Mada, mada!	»Noch nicht, ihr habt noch Zeit!«
Te o tsuite!	»Setzt die Hände (zum Tachiai) auf den Boden!«

Seite verwechselt oder seine Meinung doch noch ändert. Dann schwingt er den Schild möglichst schnell noch einmal in die andere Richtung. Man spricht in diesem Fall von einem sogenannten »Mawashi-uchiwa«, dem gedrehten Schild.

Der Gyōji muss sich immer für einen Sieger entscheiden, auch wenn er der Meinung ist, dass beide gleichzeitig den Boden berührt haben oder aus dem Ring geraten sind. In solch strittigen Fällen beraten die fünf Außenrichter *(shinpan)*, ob die Entscheidung des Schiedsrichters richtig war, oder ob die Aktion so unübersichtlich war, dass kein korrektes Urteil möglich ist. Bemerkenswerterweise sind es immer nur die falschen Entscheidungen, die sich auf die Karriere der Unparteiischen auswirken. Ende der 70er Jahre fällte ein Gyōji bei einem Kampf kein Urteil und löste damit einen kleinen Skandal aus. Bei einem Duell zwischen Tamanofuji, dem späteren Kataonami Oyakata, und Arase, der später Karriere beim Fernsehen machte, fiel der nur 1,50 Meter große Schiedsrichter aus dem Ring herunter.

Da der kleine Mann von unten den Ausgang des Kampfes nicht mehr erkennen konnte, mussten die fünf Außenrichter für ihn entscheiden. Sie erklärten dem Unglücksraben daraufhin, in welche Richtung er den Gunbai halten sollte. Der Schiedsrichter musste danach eine Pause einlegen, um sich zu erholen. Bei einer anschließenden ärztlichen Untersuchung stellte man eine schwere Diabetes bei ihm fest. Sie löste starke Schwindelanfälle aus, die es ihm unmöglich machten, seine Laufbahn fortzusetzen. Da er aber nie regulär zurückgetreten war, wurde sein Name bis zu seinem Tod im Jahre 1983 weiterhin in allen Ranglisten geführt. Dieser unglückliche Vorfall machte allen Verantwortlichen des Sumō-Verbandes klar, dass zu einem Top-Gyōji absolute körperliche und geistige Fitness gehört. Aus diesem Grunde wurde ein Fitnessprogramm für alle Kampfrichter eingeführt.

Außer der Kampfleitung haben die Gyōji noch zahlreiche andere Aufgaben. So leiten sie die Zeremonien für die Eröffnung des Ringes. Zwischen dem Dohyō-iri (Ringeintrittszeremonie) des Yokozuna und dem Beginn der oberen Kampfklassen liest entweder Kimura Shinosuke oder Shikimori Inosuke die Paarungen des nächsten Tages vor. Einer der jüngeren Schiedsrichter ruft über Mikrofon Namen und Rang eines jeden Sumōtori auf, der den Ring zum Doyhō-iri besteigt. Ein anderer ist dafür zuständig, den Sieger eines jeden Kampfes über den Hallenlautsprecher auszurufen. Zwei Gyōji legen fest, mit welcher Technik das Duell gewonnen wurde. Außerdem führen sie Statistiken über Siege und Niederlagen in einem extra dafür vorgesehenen Raum, dem *Wariba*. Sie sind auch damit beschäftigt, die Rangliste *(banzuke)* und den offiziellen Sumō-Kalender in kalligraphisch ausgefeilter Form zu erstellen. Nicht zuletzt fungieren sie oftmals als wichtige Nachrichten- und Briefboten zwischen den Sumō-Mannschaften und dem Verband.

Die Shinpan

Nicht direkt zu den »Urakata«, den Menschen im Hintergrund des Geschehens, können die Außenrichter *(shinpan)* gezählt werden, da sie immer nur für eine zweijährige Amtsperiode gewählt werden und dieses Amt nicht hauptberuflich ausüben. Da ihre Aufgaben aber eng mit der Arbeit der Gyōji verknüpft sind, sollten sie ebenfalls an dieser Stelle erwähnt werden. Die Shinpan sind

URAKATA

裏方

alle ehemals hochkarätige Sumōtori, die mittlerweile selbst als »Oyakata« ein Team führen. Die bekanntesten von ihnen sind die früheren Yokozuna Kokonoe Oyakata (Chiyonofuji), Sadogatake Oyakata (Kotokazura), Musashigawa Oyakata (Mienoumi), Kitanoumi Oyakata (Kitanoumi), Naruto Oyakata (Takanosato), Magaki Oyakata (Wakanohana 2) und Ajigawa Oyakata (Asahifuji). Insgesamt gibt es 20 Shinpan. Sie sind immer gut an ihrer traditionellen Kleidung, einem schwarzen Hosenrock (hakama) und einer schwarzen Jacke (haori), zu erkennen.

Beim sogenannten »Mono-ii« beraten die Außenrichter über den Urteilsspruch des Gyōji.

An der Nordseite des Ringes sitzt in Augenhöhe mit der Kampffläche der Shinpan-Buchō, der Chef-Außenrichter. Er ist durch einen Ohrhörer per Funk mit einem Nebenraum verbunden, in dem eine weitere Schiedsrichtergruppe sitzt und bei strittigen Entscheidungen die Videoaufzeichnungen in Zeitlupe studiert, um so den wahren Sieger ausfindig zu machen. Worüber in vielen Sportarten seit langem diskutiert wird, hat ausgerechnet der als erzkonservativ geltende japanische Sumō-Verband in die Tat umgesetzt. Hier gibt es den Videobeweis schon seit langem. Für viele verblüffend, dass sich gerade eine so traditionelle und alte Sportart wie Sumō problemlos modernster Technik bedient.

Kommt es zu einem *Mono-ii*, einer Beratung der fünf Außenrichter, werden regelmäßig die Videobilder zur Urteilsfindung herangezogen. Das Ergebnis wird dann vom Shinpan-Buchō bekanntgegeben. Der Shinpan-Beschluss hebt die Entscheidung des Gyōji immer auf. Dem Chef-Außenrichter gegenüber sitzen auf der Südseite zwei weitere Kollegen. Einer davon, nämlich der auf der linken Seite, ist der »*Tokei-gakari*«. Er signalisiert dem Gyōji, wenn die vier Minuten für das Vorwettkampf-Zeremoniell abgelaufen sind. Die verbleibenden zwei Shinpan sitzen an der Ost- und Westseite zwischen den Sumōtori, die als nächste in den Ring steigen. Die Shinpan können auch vor Ende des Kampfes einschreiten, wenn sie der Meinung sind, dass ein Regelverstoß vorliegt, der eine Wiederholung des Duells vorschreibt, wie zum Beispiel ein Fehlstart beim »Tachi-ai«.

Die Yobidashi

Nicht wegzudenken vom Geschehen rund um den Sumō-Ring, sind die sogenannten »Yobidashi«, deren Hauptaufgabe darin besteht, die Sumōtori in den Ring zu rufen. Gekleidet sind sie in der typischen Kluft der japanischen Arbeiter. Am Oberkörper tragen sie eine Jacke mit weiten Kimono-Ärmeln, die Hose ist an den Oberschenkeln weit wie eine Pumphose und unterhalb der Knie eng geschnitten.

Bei der Vorstellung der Rikishi zeigt der Yobidashi an ungeraden Turniertagen zuerst mit seinem Fächer auf die Ostseite des Ringes, ruft »Higashi!« (Osten) und dann den Namen des Rikishi, der den Ring von dieser Seite betre-

URAKATA 裏方

URAKATA

裏方

ten wird. Anschließend ruft er »Nishi!« (Westen) und den Namen des Gegners. An geraden Turniertagen beginnt er mit der Westseite. Das Besondere dabei ist die Aussprache, ein durchdringender, lang gezogener Singsang, der auch bei Fernsehübertragungen gut zu hören ist.

Ein Yobidashi ist allerdings weitaus mehr als nur ein Ansager, er ist sozusagen »Mädchen für alles« und muss nahezu alles beherrschen, was im Sumō-Geschäft gebraucht wird. Eine seiner wichtigsten Aufgaben ist es, vor jedem Turnier den Ring aufzubauen, der für jedes Basho mit viel Mühe und Sorgfalt neu errichtet wird. Aber nicht nur der Wettkampfring muss vorbereitet werden, einzelne Bautrupps erneuern unter Anleitung der Yobidashi auch immer wieder die Dohyōs der Trainingsstätten. Sie sind sozusagen die Architekten des Sumō-Verbandes. Auch während des Turniers muss der Ring gepflegt werden, da der Lehmboden viel Wasser braucht. Darüber hinaus wird er nach jedem Kampf mit dem Besen gefegt.

An einem Turniertag warten viele kleine Aufgaben auf die emsigen Helfer. Beim Dohyō-iri, der offiziellen Ringeintrittszeremonie, schlägt ein Yobidashi in einem bestimmten Rhythmus kleine Holzstücke *(hyōshigi)* gegeneinander. Dieses Ritual stammt ursprünglich aus dem japanischen Kabuki-Theater und dient dazu, die Aufmerksamkeit der Zuschauer auf bestimmte Szenen zu lenken. Die Yobidashi sorgen auch dafür, dass die Holzbottiche am Ring immer gut mit Salz gefüllt sind. Besonders wenn der fast zwei Meter große Maegashira Mitoizumi in den Ring steigt. Er trägt den Spitznamen »Salzstreuer«, weil er an einem einzigen Turniertag mitunter vier Kilogramm Salz verbraucht.

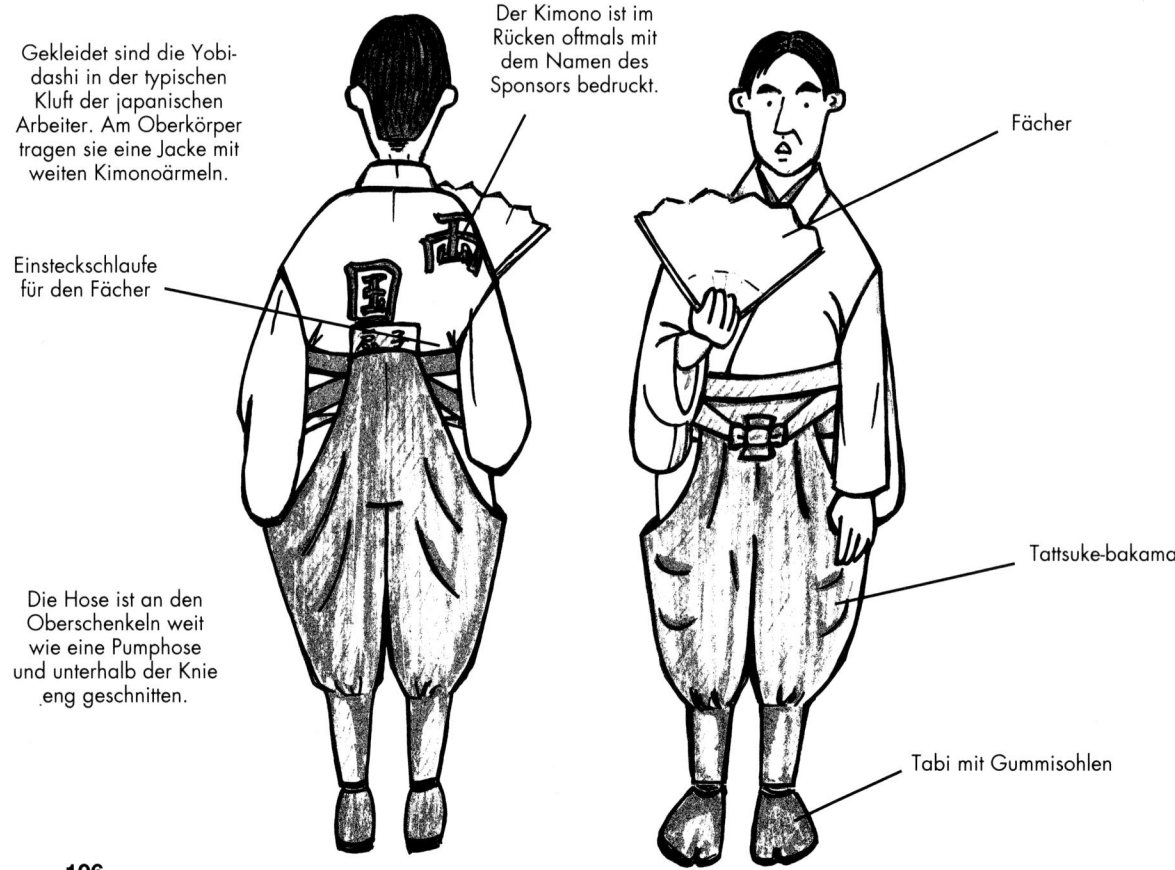

106

URAKATA

Die Yobidashi kümmern sich auch um das »heilige« Wasser *(chikara-mizu)* und Papier *(chikara-gami)*, mit denen die Sumōtori sich vor dem Duell innerlich und äußerlich rituell reinigen. Sie reichen den Sumōtori kleine Handtücher beim Vorwettkampfritual und bereiten die Sitzkissen für die am Ring wartenden Rikishi vor. Vor dem Kampf tragen sie Fahnen mit den Schriftzügen der Sponsoren durch den Ring, die Geld auf den Sieger des nächsten Duells gesetzt haben. Nach dem Kampf falten sie die *Sagari* des Siegers, so nennt man die schmückenden Stäbe am Gürtel *(mawashi)*, die nur bei Wettkämpfen getragen werden, und sammeln die Umschläge mit den Sponsorengeldern ein.

Am letzten Tag putzen die Yobidashi die Siegespokale und stellen sie zur Preisverleihung bereit. Darüber hinaus verkaufen sie in einem Geschäft in der Sumō-Halle Bücher und Sumō-Souvenirs. Um das Ende eines jeden Turniertages anzuzeigen, schlägt einer von ihnen auf einem Turm vor der Halle um 18 Uhr die Trommel *(yaguradaiko)*, während ein weiterer Yobidashi zur gleichen Zeit an der Pressekonferenz teilnimmt.

An jedem Samstag vor Turnierbeginn ziehen die Yobidashi mit Trommeln *(fure-daiko)* in kleinen Gruppen durch verschiedene Stadtteile und verkünden die Paarungen der oberen Klassen am ersten Kampftag. Als Trommler werden die Yobidashi auch bei Sumō-Demonstrationen eingesetzt und natürlich beim *Danpatsu-shiki*, der offiziellen Rücktrittszeremonie eines Sumōtori, bei dem im feierlichen Rahmen der Haarknoten *(mage)* abgeschnitten wird.

Bei der Vorstellung der Rikishi zeigt der Yobidashi mit seinem Fächer auf eine Seite des Ringes, ruft »Higashi!« (Osten) bzw. »Nishi!« (Westen) und dann die Namen der Rikishi, die den Ring von der jeweiligen Seite betreten.

URAKATA

裏方

Während der Schaukampftourneen zwischen den sechs jährlichen Turnieren sind die Yobidashi verantwortlich für den Transport der Ausrüstung und den Aufbau der Zelte. Sie versorgen das gesamte Team und verrichten nebenbei noch die normale Hausarbeit. Alles in allem haben sie eigentlich einen 24-Stunden-Tag. Richtige Freizeit kennen sie nicht. Wer diesen Beruf ergreift, muss quasi zum Dienen geboren sein. Es ist nahezu unmöglich, wirklich alle ihre Aufgaben aufzuzählen. Dieser Job erfordert aber nicht nur handwerkliche Fähigkeiten, das Trommeln verlangt beispielsweise ein ausgeprägtes musikalisches Rhythmusgefühl. Viele Yobidashi haben sich gerade in dieser Richtung künstlerisch weiterentwickelt. Einige schreiben sogar *Sumō-jinku*, Sumō-Lieder, die über das harte Leben der Sumōtori oder von den großen Helden der Sumō-Geschichte erzählen und zu feierlichen Anlässen, wie zum Beispiel zur Beförderung eines Sumōtori, gesungen werden.

Diese von den Yobidashi getexteten und komponierten Lieder werden auch oft bei Schaukampfturnieren von den Sumōtori persönlich vorgetragen. Das Singen vor Publikum ist in Japan äußerst beliebt, auf jeder Party und bei nahezu allen festlichen Anlässen wird gesungen. Es gibt kaum einen Japaner, der nicht gerne singt. Davon leben schließlich auch die vielen Karaoke-Bars, die in den letzten Jahren auch in Europa Verbreitung gefunden haben.

Die Ausbildung zum Yobidashi ähnelt der zum Gyōji. Auch hier gibt es keine vorgeschriebene Lehrzeit oder eine vom Verband organisierte Ausbildung. Die jungen Lernwilligen müssen sich von einem älteren, erfahrenen Yobidashi in die Arbeit einweisen lassen. Auch hier ist die Lernphase lang und hart. Man sagt, es dauert zwei Jahre bis der Schüler gelernt hat, wie der richtige Ton mit den Holzstückchen zu treffen ist, sozusagen eine Wissenschaft für sich.

Die besagten Holzklappern sind in der Regel aus Kirschbaumholz gemacht, doch jeder Yobidashi schwört auf seine eigene Kirschbaumart aus einer

Ost oder West?

Bei der Vorstellung der Rikishi zeigt der Yobidashi an ungeraden Turniertagen zuerst mit seinem Fächer auf die Ostseite. An geraden Turniertagen beginnt er mit der Westseite.

Rangfolge der Yobidashi:

1. Tate-Yobidashi
2. Fukutate-Yobidashi
3. Sanyaku-Yobidashi
4. Makuuchi-Yobidashi
5. Jūryō-Yobidashi
6. Makushita-Yobidashi
7. Sandanme-Kaku
8. Jonidan-Kaku
9. Jonokuchi-Kaku

bestimmten Region. Daraus fertigt er dann meist in Eigenbau sein eigenes Instrument. Yobidashi Zenzaburō war berühmt dafür, nur Holz aus dem Kern eines Baumes zu verwenden, welches »so rot wie möglich« sein müsse. Dieses, so meinte er, würde für den besten Klang sorgen.

Eine noch größere »Sumō-Wissenschaft« scheint aber der Bau eines Ringes zu sein. Man behauptet, dass es mindestens zehn Jahre dauert, um herauszufinden, welcher Lehmboden sich dafür am besten eignet.

Ähnlich wie bei den Schiedsrichtern müssen die rangtieferen Yobidashi eine größere Zahl an Kämpfen ausrufen, während die für die Sekitori (Sumōtori der oberen Klassen) Zuständigen sich auf weniger Paarungen konzentrieren können. Auch bei der Beförderung geht es erst um Eignung und Können, erst dann entscheidet das Alter der Kandidaten. Allerdings werden die Yobidashi im Gegensatz zu den Gyōji nicht in der offiziellen Rangliste *(banzuke)* aufgeführt. Mit ein Grund dafür ist, dass die Stellung des Yobidashi in der Öffentlichkeit nicht die gleiche Anerkennung findet wie die des Schiedsrichters.

In der Heian-Zeit wurden beide Aufgaben meist von einer Person ausgeübt, erst im 17. Jahrhundert entstand die klare Trennung zwischen Ausrufer und Ringrichter. Obwohl beide Aufgaben also den gleichen Ursprung haben, blieb den Yobidashi der Eintrag in die Ranglisten die meiste Zeit verwehrt. Nur zweimal im 19. Jahrhundert und letztmals vom Mai 1949 bis Januar 1963 tauchten ihre Namen in der Banzuke auf. Das war der Verdienst von Yobidashi Tarō, einem sehr engagierten Mann, der sich mit ganzer Kraft dafür einsetzte, das Prestige seiner Zunft zu erhöhen.

Insgesamt gibt es zur Zeit 45 Yobidashi. Anfang der 90er Jahre waren es nur 34. In den letzten Jahren ist die Zahl ständig gestiegen, was in erster Linie daran liegt, dass immer neue Teams gegründet wurden.

Die Tokoyama

Wer in anderen Sportarten sein Trikot oder seine Ausrüstung gegen Alltagskleidung austauscht, ist für den normalen Zuschauer nicht mehr so einfach als Fußballer, Eishockeyspieler usw. zu erkennen. Das ist bei einem Sumōtori an-

Tokoyama bei der Arbeit. Sobald ein Rikishi in das Profilager einsteigt, lässt er sein Haar wachsen. Es ist ein denkwürdiger Augenblick im Leben eines jeden Rikishi, wenn er sich zum ersten Mal in seiner Laufbahn einen Knoten binden kann. Erst dann fühlt er sich als echter Sumōtori.

URAKATA

裏方

ders. Sein traditioneller Haarknoten (*mage* bzw. *chonmage*) wird ihn immer verraten. Er ist das Symbol der professionellen Sumōtori. Die Männer, die diese lange schwarze Haarpracht bändigen, heißen Tokoyama, eine Bezeichnung, die ursprünglich den Friseuren aus dem Kabuki-Theater vorbehalten war. Der Haarknoten war in der Edo-Periode (1603-1868) die typische Frisur der Samurai. Während der Meiji-Zeit (1868-1912) verhängte die Regierung im Jahre 1871 ein Verbot des traditionellen Haarknotens, so dass ihn fortan nur die Sumōtori als eine Art Aufprallschutz für ihren Kopf bei Stürzen tragen durften.

Mit dem Verbot der Langhaarfrisur nahm auch die Zahl der Friseure drastisch ab, die in der Lage waren, einen richtigen Haarknoten zu binden. Daher baten die Sumōtori zunächst die Friseure des Kabuki-Theaters um Hilfe, bis die Teams schließlich eigene Haarstylisten einstellten.

Wie alles im Sumō ist auch hier die Ausbildung langwierig. Sie dauert ungefähr zehn Jahre. Auch die Friseure haben ihre eigene Rangfolge. Es gibt insgesamt sechs Stufen, und nur ein Tokoyama der ersten beiden Ränge darf einem Sekitori (Sumōtori ab Jūryō aufwärts) einen kunstvollen *Ō-ichō-mage* anlegen. Dabei wird das Haar geschickt zu einem Fächer gebunden, der der Form eines Gingkoblattes ähnelt. Ein guter Friseur schafft das mit Hilfe von sieben Instrumenten in 15 Minuten. Außer verschiedenen Kämmen und Nadeln verwendet er dazu ein besonderes Haarwachs *(bintsuke)*. Manche Tokoyama lassen einen ihrer Daumennägel besonders lang wachsen, damit sie den Ō-ichō-mage besser anlegen können.

Der Haarknoten (*mag*[e]) das typische Erkenn[ungs]merkmal für e[inen] echten Sum[ōtori]

Um einen kunstvollen *Ō-ichō-mage* zu binden, wird das Haar geschickt zu einem Fächer gebunden, der der Form eines Gingkoblattes entspricht. Ein guter Friseur schafft das mit Hilfe von sieben Instrumenten in 15 Minuten. Neben verschiedenen Kämmen und Nadeln verwendet er dazu ein besonderes Haarwachs *(bintsuke)*.

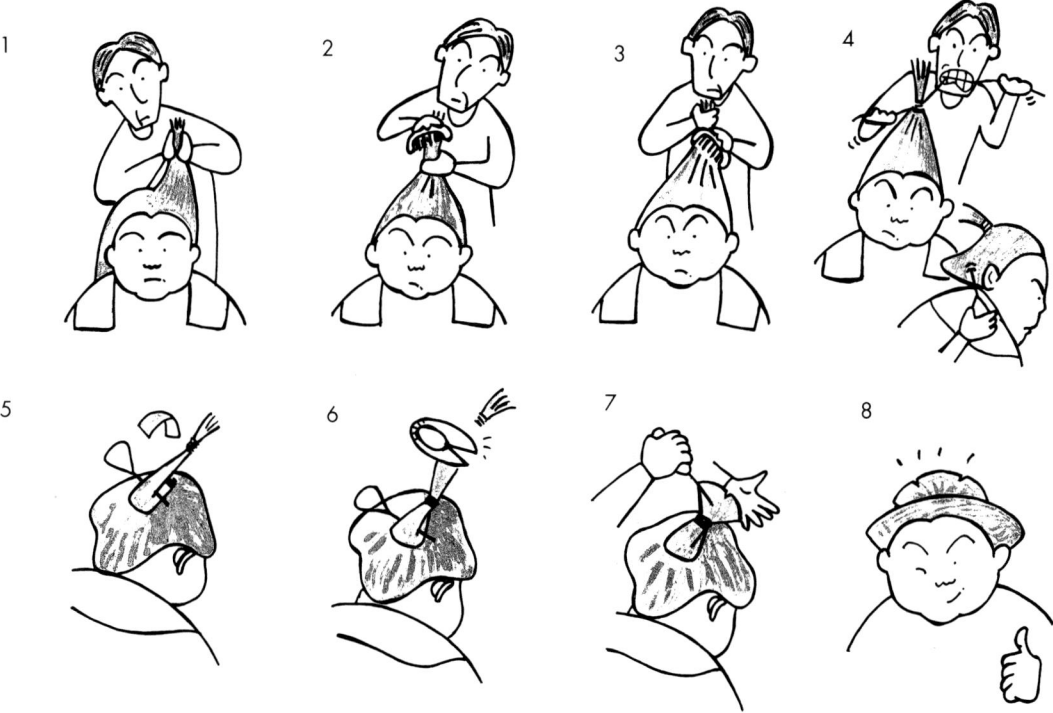

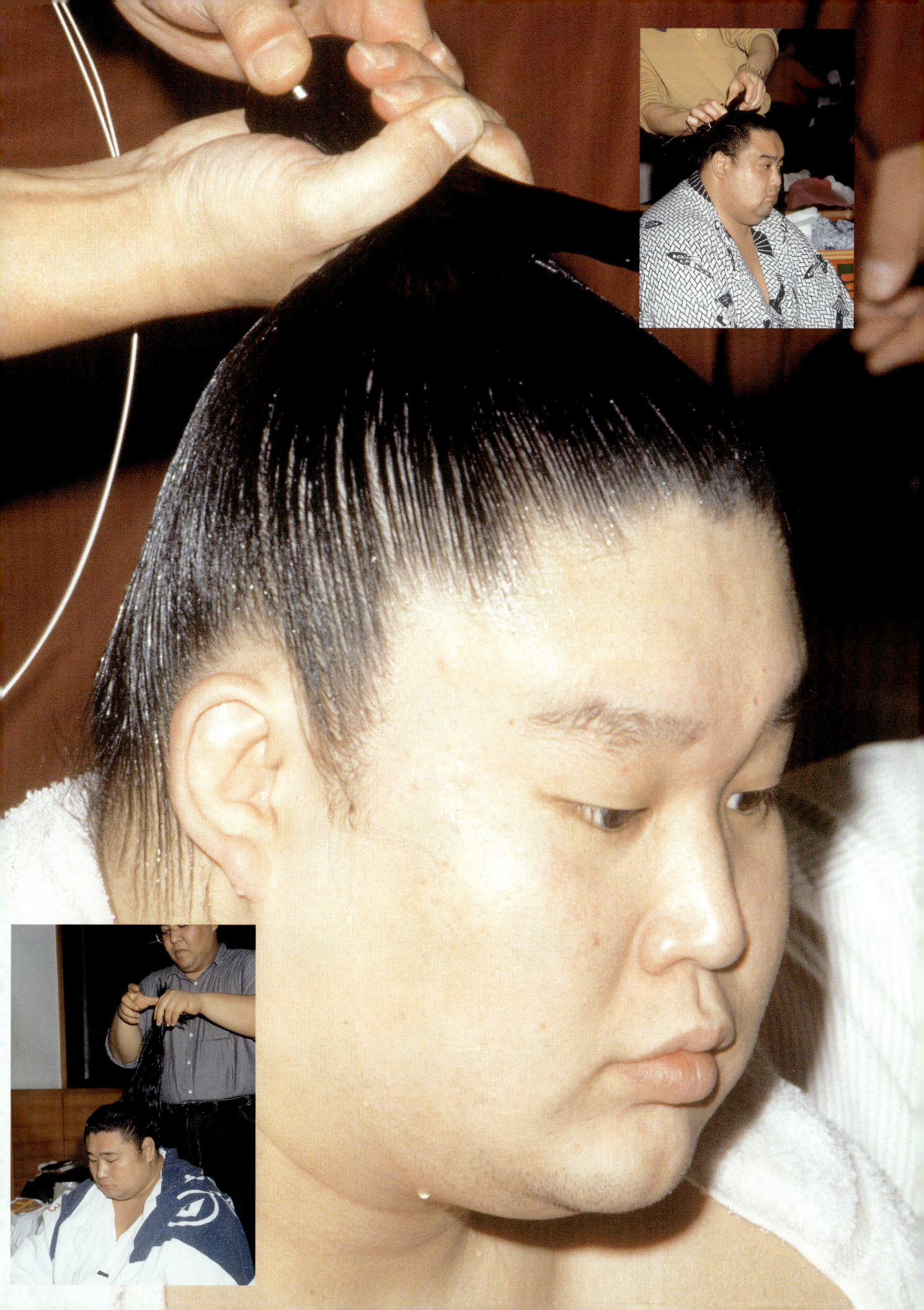

URAKATA

裏方

Der Ō-ichō-mage wird von den Sekitori während des Turniers oder zu festlichen Gelegenheiten, wie Beförderungen, Rücktrittszeremonien und Hochzeiten getragen. Ansonsten wird das Haar zu einem schlichten Knoten gebunden. Sobald ein Rikishi in das Profilager einsteigt, lässt er sein Haar wachsen. Es ist ein denkwürdiger Augenblick im Leben eines jeden Rikishi, wenn er sich zum ersten Mal in seiner Laufbahn einen Knoten binden kann. Erst dann fühlt er sich als echter Sumōtori.

Zur Zeit gibt es ungefähr 50 Tokoyama, mit steigender Tendenz, da auch die Zahl der Teams wächst. Nicht alle Sumōställe *(heya)* haben einen eigenen Friseur oder nur jüngere, die noch keinen Ō-ichō-mage anlegen können oder dürfen. In solchen Fällen wird ein Friseur von einer befreundeten Mannschaft ausgeliehen. Das Rentenalter liegt wie bei den Gyōji und den Yobidashi bei 65 Jahren. Die Namen aller Sumō-Friseure beginnen mit der Vorsilbe »Toko«, an die entweder ein Teil des Vor- oder Familiennamens angefügt wird: zum Beispiel Tokofuji, Tokoken oder Tokokazu, oder der Name des Heya, wie bei Tokoazuma vom Azumaseki-Beya oder Tokosado vom Sadogatake-Beya.

Viele Tokoyama konnten selbst keine Kämpferlaufbahn starten, weil ihnen die körperlichen Voraussetzungen fehlten. Manche von ihnen begannen zunächst als Sumōtori, scheiterten aber und wechselten in die Friseurlaufbahn, um so dem Sumō auf eine andere Art verbunden zu bleiben. Alle Tokoyama sind früh zum Sumō gekommen und haben dort den Friseurberuf erlernt. Es gibt bisher nur eine Ausnahme, nämlich Tokotani, der als normaler Haarschneider angefangen hat, ehe er sich für ein Leben als Tokoyama entschied.

5

Die Stars der Sumō-Welt

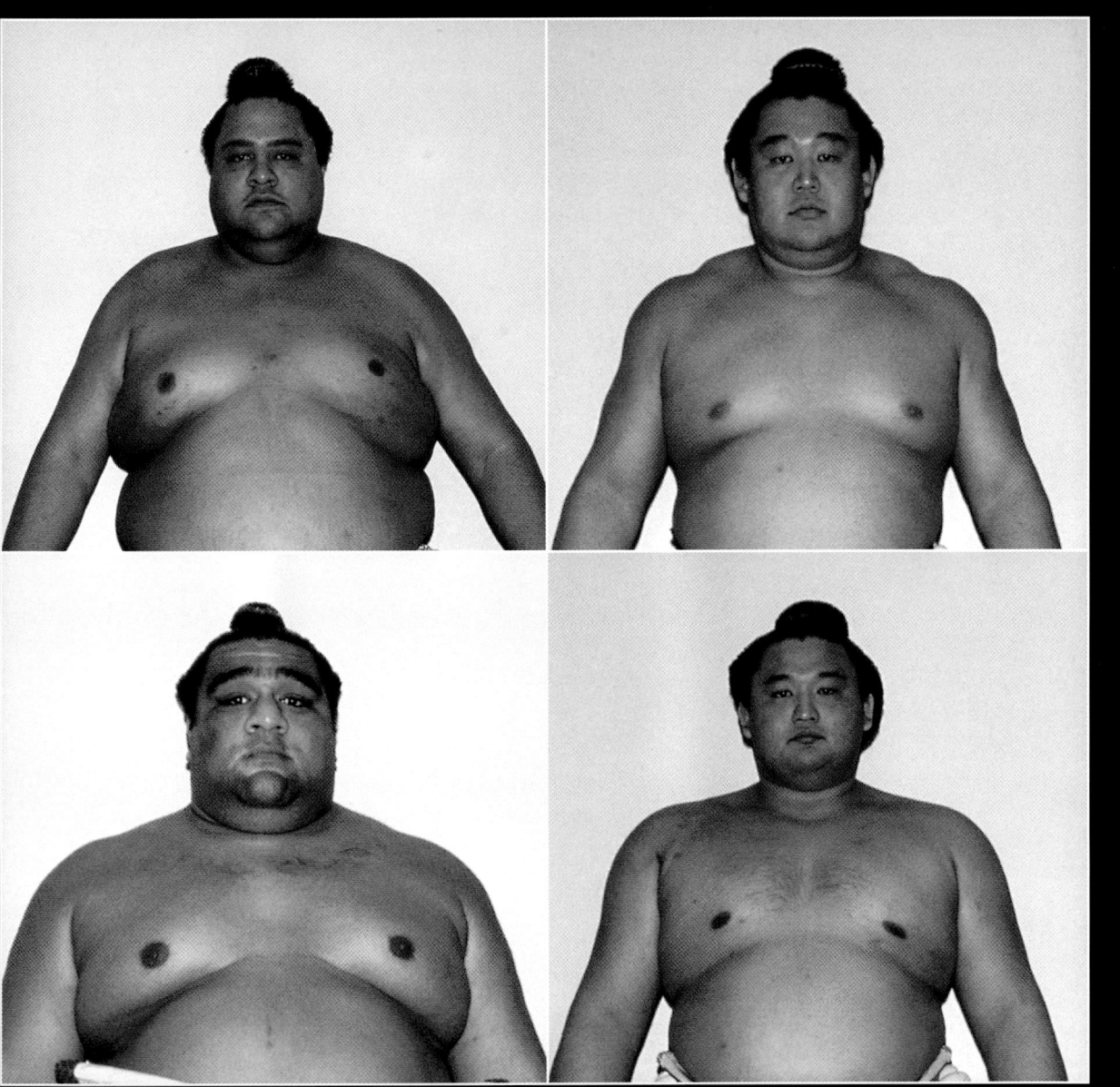

PORTRÄTS

横顔

Takanohana hat mit seinen gerade mal 27 Jahren bereits eine Blitzkarriere hinter sich. Im Mai 1989, erst 16 Jahre alt, errang er als jüngster Sumōtori aller Zeiten den Sieg in der Makushita-Division, der dritthöchsten Liga. Noch im November desselben Jahres wurde er der jüngste Jūryō-Rikishi. Und im März 1990 gelang ihm noch ein weiterer Rekord, denn bis heute hat es noch nie einen jüngeren Rikishi in der höchsten Liga der Makuuchi-Division gegeben als Takanohana. Mit erst 17 Jahren schaffte er den Aufstieg in die Eliteliga.
Takanohana setzte noch weitere Rekorde als jüngster Komusubi im Juli 1991 und im gleichen Jahr als jüngster Sekiwake. Im Jahre 1994 wurde er schließlich zum Yokozuna ernannt.

Die Brüder Takanohana und Wakanohana

Wakanohana und Takanohana sind die ersten Brüder, die im Rang eines Yokozuna stehen. Ihr Vater ist der frühere Ōzeki Takanohana 1, und der ehemalige Wakanohana 1 ist der Onkel der beiden erfolgreichen Brüder. Takanohana 1 ist jetzt Futagoyama Oyakata und somit Chef des Heya, dem auch seine Söhne angehören. Wakanohana ist der ältere Bruder und wurde als Hanada Masaru im Januar 1971 geboren. Kurz darauf, im August des nächsten Jahres, kam sein jüngerer Bruder Takanohana zur Welt. Sein eigentlicher Geburtsname lautet Hanada Kōji.

Wakanohana

Durch Vater und Onkel waren beide natürlich von Anfang an in die Welt des Sumō involviert. Sie wuchsen auf mit einem Vater, der selbst noch mit Leib und Seele Leistungssport betrieb. Im Mai 1979 betraten sie zum ersten Mal das Dohyō von Kuramae in Tōkyō, als sie ihrem Vater sowie Ōzeki Kaiketsu anlässlich dessen Rücktrittsfeier *(intai-sumō)* in einem Kinder-gegen-Erwachsene-Showkampf gegenüberstanden. Während in dem jüngeren Kōji schon hier der Wunsch reifte, selbst Sumōtori zu werden, entschloss sich Masaru erst 1981 nach dem Rücktritt des Vaters dazu.

Takanohana

Kōji war von Anfang an sehr strebsam. Erst 15 Jahre alt, unmittelbar nach Abschluss der Mittelschule im Februar 1988, bat er seinen Vater, ihn in sein Heya aufzunehmen, das damals noch Fujishima-Beya hieß. Trotz dessen Einwände, vor allem weil er seinen Sohn weiter auf die Schule schicken wollte, gab er schließlich dem Drängen und Bitten seines jüngsten Sohnes nach. Jetzt wollte auch der 17-jährige Masaru nicht nachstehen und brach die Schule ab, obwohl er bereits im zweiten Jahr die Oberschule besuchte. Seine Lehrer versuchten vergeblich, ihn umzustimmen und wenigstens noch ein Jahr zu bleiben, um den Abschluss zu machen. Aber Masaru war fest entschlossen, seinem jüngeren Bruder zu folgen. Beide hatten ihr Debut dann im März 1988. Masaru zunächst mit dem Namen Wakahanada und Kōji als Takahanada. Im gleichen Basho standen auch Akebono und Kaiō als Neulinge, sogenannte *Shindeshi*. Im Nachhinein ein denkwürdiges Turnier, denn drei der vier heutigen Yokozuna haben damals ihre Laufbahn im gleichen Basho begonnen.

PORTRÄTS

横顔

Zunächst erreichte der ältere Wakahanada die besseren Ergebnisse und schon im Mai gewann er den Titel in der Jonokuchi-Liga, der untersten Klasse, mit einem vorbildlichen 7-0-Ergebnis. Sein Bruder erreichte ein 5-2. Aber dann wurde Takahanada immer stärker und überholte seinen Bruder ziemlich schnell. Er hatte bei seinem Sumō-Start zunächst zehn Kilogramm an Gewicht verloren, sich aber gleichzeitig durch sehr hartes und kontinuierliches Training eine starke Muskulatur aufgebaut.

Im Mai 1989, erst 16 Jahre alt, errang er als jüngster Sumōtori aller Zeiten den Sieg in der Makushita-Division, der dritthöchsten Liga. Noch im November desselben Jahres wurde er der jüngste Jūryō-Rikishi. Und im Mai 1990 gelang ihm noch ein weiterer Rekord, denn bis heute hat es noch nie einen jüngeren Sumōtori in der höchsten Liga der Makuuchi-Division gegeben als Takahanada. Mit erst 17 Jahren hatte er den Aufstieg in die Eliteliga geschafft. Angespornt durch die Erfolge des »kleinen« Bruders, folgte ihm Wakahanada immer einen Tick später. Zunächst im März 1990 in die Jūryō-Liga mit immerhin auch erst 19 Jahren und ein gutes Jahr später, im Mai 1991, kam dann der Aufstieg in die Makuuchi-Division.

Takahanada schlug wie der Blitz in der Makuuchi-Division ein und zog gleich die Aufmerksamkeit der japanischen Fans auf sich. Beim Sommerturnier *(natsu-basho)*, das jeweils im Mai in Tōkyō stattfindet, musste er direkt am ersten Turniertag gegen den großen Yokozuna Chiyonofuji antreten. Siebzehn Jahre trennten die beiden, Takahanada 18 Jahre alt und der große Meister kurz vor seinem 36. Geburtstag, ein Kampf der Generationen. Der »Shooting Star« schaffte die Sensation und gewann gegen den klaren Favoriten. Noch nie hatte ein so junger Rikishi auf einem so hohen Niveau gegen einen Yokozuna gekämpft und gewonnen.

Zwei Tage später trat Chiyonofuji zurück. Der Kreis hatte sich geschlossen. Der alte Yokozuna hatte lange Zeit dem Vater von Takahanada nachgeeifert

Wakanohana (re.) eiferte immer seinem jüngeren Bruder Takanohana (li.) nach, schaffte allerdings erst vier Jahre nach ihm, im Jahre 1998, den Sprung an die Spitze der Sumō-Welt. Er wurde Japans 66. Yokozuna. Takanohana wurde im Jahre 1994 zum Yokozuna befördert, nachdem er zwei Turniere hintereinander gewonnen hatte, ohne nur einen einzigen Kampf zu verlieren. Charakterlich sind die beiden Brüder völlig unterschiedlich. Takanohana, eher introvertiert und zurückhaltend, ließ zuweilen gerne seinem eher redseligen älteren Bruder auf Pressekonferenzen den Vortritt.

PORTRÄTS

横顔

und ihn schließlich im November 1980 geschlagen, woraufhin dieser seine Laufbahn beendet hatte. Chiyonofuji scherzte damals, dass nun sein Sohn die Karriere von Takahanada beenden müsste, um das Rad der Geschichte kontinuierlich weiter zu drehen.

Mit dem Abgang von Chiyonofuji ging eine Sumō-Ära zu Ende. Innerhalb eines Jahres hatte Japan alle vier Yokozuna verloren. Beim Turnier im Juli 1992 stand zum ersten Mal seit 60 Jahren kein einziger Großmeister in der Rangliste. In der Sumō-Hierarchie entstand eine Nachwuchslücke, die auch die Taka-Waka-Brüder nicht so schnell schließen konnten. Takahanada setzte zwar weitere Rekorde als jüngster Komusubi im Juli 1991 und im gleichen Jahr als jüngster Sekiwake, doch dann folgte ein Rückschlag auf die Maegashira-Ränge im Januar 1992. Kurze Zeit später errang er allerdings seinen ersten Turniersieg und bekam mit seinen 19 Jahren den Kaiserpokal *(Tennō shihai)* von seinem Onkel Futagoyama Oyakata überreicht. Für diesen war das einer seiner letzten Auftritte als Präsident des japanischen Sumō-Verbandes (Sumō Kyōkai).

Schließlich wurde Takahanada im Januar 1993 auch noch jüngster Ōzeki aller Zeiten. Zu Ehren dieser Beförderung wechselte er seinen »Ringnamen« *(shikona)* von Takahanada zu Takanohana nach seinem berühmten Vater. Es war übrigens Wakahanada, der den Vater bat, dem Bruder seinen klangvollen Namen zu überlassen.

Wakahanada kämpfte zu diesem Zeitpunkt in den unteren Maegashira-Rängen. Doch der ältere Bruder zog bald darauf nach. Seine wahre Klasse zeigte er im März 1993 beim Frühjahrsturnier *(haru-basho)*. Er gewann völlig überraschend im Range eines Komusubi mit 14-1 und schaffte wenig später im Juli den Aufstieg zum Ōzeki. Mit seiner Ernennung nahm er den Ringnamen seines Onkels Wakanohana an.

Charakterlich sind die beiden Brüder völlig unterschiedlich. Takanohana ist eher ruhig und introvertiert. Ganz im Gegensatz dazu sein älterer Bruder, der, zur Freude der Journalisten, gerne redet und anfangs auf Pressekonferenzen zuweilen das Wort für seinen jüngeren Bruder ergriff. Mittlerweile hat sich Taka jedoch an die Öffentlichkeit gewöhnt und geht mit seiner Popularität wie mit Presse und Fernsehen souveräner um als früher. Während er nur mit ein paar wenigen Rikishi aus seinem Heya Kontakt hält, hat Wakanohana viele Freunde und Bekannte in der gesamten Makuuchi-Division. Durch ihre Popularität trugen die beiden wesentlich zum großen Sumō-Boom Anfang der 90er Jahre bei.

Takanohana schaffte dann 1994 ganz überzeugend die Beförderung zum Yokozuna. Er gewann zwei Turniere hintereinander, ohne auch nur einen einzigen Kampf zu verlieren. Mittlerweile hat Takanohana 20 Turniere gewonnen und steht damit auf Platz vier der ewigen Bestenliste (Stand: Oktober 1999). Mit seinen 27 Jahren ist ihm durchaus zuzutrauen, dass er Taihōs Rekord von 32 Turniersiegen noch bricht. Seit 1999 aber häufen sich die Verletzungen des Yokozuna. Es begann mit einer Lebererkrankung Anfang 1998. Danach folgten zahlreiche muskuläre Probleme und Verletzungen, die ihn zwangen, einige Turniere auszusetzen.

Zudem scheint Takanohana Motivationsprobleme zu haben. Bei seinen Kämpfen 1999 wirkte er zeitweise lustlos und müde. Vielleicht ein Tribut, den er jetzt für seinen frühen erfolgreichen Start in der Sumō-Welt zahlt. Allerdings ist nicht auszuschließen, dass er sich noch einmal erholt und an alte Spitzenleistungen anknüpft.

Wakanohana gelang der Sprung an den Gipfel des Sumō erst vier Jahre später als seinem Bruder Takanohana. Waka verbrachte fünf Jahre als Ōzeki und verfehlte dabei einige Male knapp die Beförderung zum Yokozuna. Im Juli 1994 errang er mit einem starken 14-1-Ergebnis hinter seinem Ōzeki-Kollegen Musashimaru den zweiten Platz. Im folgenden September hatte er den Yokozuna-Titel fast schon in der Tasche, als er die letzten beiden Kämpfe des Herbstturniers (aki-basho) in Tōkyō gegen Musōyama und Musashimaru verlor.

Im November 1995 gewann Wakanohana dann sein zweites Turnier mit einem 12-3-Ergebnis. Doch auch die nächste Chance, den Yokozuna-Gipfel zu erreichen, konnte er nicht nutzen. Mit Leberproblemen zog er sich nach dem vierten Tag mit vier verlorenen Kämpfen vom Neujahrsturnier zurück. Ein Jahr später, im Januar 1997, gewann er sein drittes Basho und hatte einen vielversprechenden Start in das folgende Frühjahrsturnier von Ōsaka. Aber auch diesmal musste er wegen einer Verletzung ausscheiden, die er sich im Kampf mit dem Mongolen Kyokushūzan zugezogen hatte. Erst im Juli kam Wakanohana zurück, allerdings immer noch nicht in bester Verfassung, aber sein Ōzeki-Titel stand auf dem Spiel. Die japanische Presse berichtete, dass Waka den Familienrat einberufen habe, um sich mit seinen Angehörigen, darunter Bruder, Vater und Onkel, abzustimmen, im Falle eines Verlustes des Ōzeki-Ranges sofort zurückzutreten. Diese Geschichte wurde von der Hanada-Familie allerdings heftig dementiert.

Waka startete miserabel in Nagoya mit einem 1-3, aber dann fand er sich einigermaßen in das Turnier hinein und schnitt mit einem 8-7 »Kachi-koshi«

Yokozuna Takanohana beim Krafttraining. Von Anfang an sehr strebsam und diszipliniert, baute sich der junge Rikishi durch hartes und kontinuierliches Training eine kräftige Muskulatur auf. Spezielle Übungen mit dem Expander sollen Zugkraft und Grifffestigkeit stärken.

PORTRÄTS

(positives Kampfergebnis mit mindestens acht Siegen) ab. Den achten Sieg hatte er schon am 13. Tag perfekt gemacht. In den nächsten drei Turnieren schaffte Wakanohana immer klare »Kachi-koshi«, ohne jedoch einen Turniersieg *(yūshō)* zu erzielen. Dann aber gewann er das Frühjahrsturnier *(haru-basho)* von Ōsaka. Wieder stand der Ōzeki im Brennpunkt der japanischen Öffentlichkeit. Und diesmal schlug für Wakanohana endlich im dritten Anlauf die große Stunde. Er siegte beim Sommerturnier in Tōkyō mit 12-3 und wurde endlich zum Yokozuna ernannt.

Seit seiner Beförderung hat er es allerdings noch nicht geschafft, einen weiteren Turniersieg zu erlangen. Wakanohana gehört in der Makuuchi-Division zu den technisch besten Kämpfern. Er versucht meistens, den *Mawashi* (Gürtel) seines Gegners zu fassen, um ihn dann mit einem Wurf zu Fall zu bringen. Mit seinen 132 Kilogramm gehört der Yokozuna zu den leichteren Kämpfern in der Makuuchi-Division. Sein geringes Körpergewicht gleicht er durch ein hervorragendes Gleichgewichtsgefühl aus. Damit trickst er auch viele Gegner aus, die körperlich viel stärker sind. Sein Bruder Takanohana hat ein weitaus kleineres technisches Repertoire. Aber aufgrund seiner enormen Kraft kann er seinen Spezialgriff, nämlich mit der rechten Hand weit in den Gürtel des Gegners zu greifen, meistens durchsetzen. Mit diesem Spezialgriff gewinnt Takanohana die meisten seiner Kämpfe.

Akebono – der erste Ausländer auf dem Yokozuna-Thron

Akebono

Mit Akebono stand nach Konishiki wieder ein Nichtjapaner bereit für den Sturmlauf auf den Yokozuna-Thron. Im Mai 1992 gewann Akebono im Rang eines Sekiwake das Sommerturnier und wurde zum Ōzeki ernannt. Chad Rowan, so sein Geburtsname, wurde am 9. Mai 1969 auf Hawaii geboren. Während seiner Schulzeit spielte er hauptsächlich Basketball. Auch auf der Hawaii Pacific University konzentrierte er sich in erster Linie auf Basketball, bis er nach einem Jahr wegen eines Streits mit seinem Coach ganz aufhörte. Ein Freund der Familie stellte ihn daraufhin Azumazeki Oyakata vor, dem früheren Jesse Kuhaulua bzw. Takamiyama.

Chad hatte zwar Interesse an Sumō, aber Azumazeki glaubte, dass der 18-Jährige mit seinen über zwei Metern Körpergröße und seinen 140 Kilogramm einfach zu groß für einen guten Rikishi sein würde. Auch war er der Ansicht, dass ein tief liegender Körperschwerpunkt im Sumō der Schlüssel zum Erfolg ist, und wollte deshalb lieber Chads jüngeren und vor allem kleineren Bruder George haben. Da dieser jedoch noch in der High School war, wurde Chad sozusagen als Notlösung akzeptiert. Er versprach seinem Mentor, hart zu trainieren und sich ganz dem Sumō-Sport zu verschreiben. Mit nur einem Koffer in der Hand kam der junge Hawaiianer im Jahre 1988 in Japan an. Vom ersten Tag an musste er sich völlig umstellen. Der Wechsel von einem relativ unbeschwerten Leben auf Hawaii in den rauhen und anstrengenden Alltag eines Sumō-Neulings fiel ihm ungemein schwer.

In den ersten sechs Monaten hatte er großes Heimweh und telefonierte fast jeden Tag mit seiner Mutter. Es bereitete ihm Schwierigkeiten, sich in die Hierarchie des Sumō-Stalls einzugliedern, und er verstand nicht, warum ihn 15-jährige Jungen herumkommandieren konnten, nur weil sie ein Jahr vor ihm im Team waren und ihm als »Senpai« (Ältere) vorstanden. Für andere die Toilet-

PORTRÄTS

ten zu putzen, war nicht das, was er sich in Hawaii unter Sumō vorgestellt hatte. Er spielte mit dem Gedanken, einfach aufzugeben und Japan wieder zu verlassen. Aber er wollte seine Eltern nicht enttäuschen und hatte auch Angst vor dem Spott, der ihn in Hawaii erwarten würde. Mit viel Selbstdisziplin hielt er letztendlich durch. Bereits im März 1988 debütierte er unter dem Namen Daikai, zu Deutsch: »großes Meer«. Er fasste schnell Fuß, bekam den Ringnamen Akebono und nach genau zwei Jahren stieg er in die Jūryō-Liga auf. Von nun an erhielt er ein monatliches Gehalt vom Sumō-Verband und wurde der erste Sekitori (Rikishi ab der Jūryō-Liga, die ein festes Monatsgehalt beziehen) von Azumazeki.

Zwei Jahre später gewann Akebono sein erstes Basho in der Makuuchi-Division. Mit 13-2 war er beim Mai-Turnier in Tōkyō erfolgreich und wurde zum Ōzeki ernannt. Von nun an bestimmte er mit seinem kraftvollen Stil die meisten Turniere in der Makuuchi-Liga. Geschickt wusste er seinen mächtigen Oberkörper und die Kraft seiner Arme einzusetzen. Meistens schob er seine Gegner aus dem Ring oder warf sie schon nach wenigen Sekunden zu Boden. Im November 1992 und im Januar 1993 gewann er dann zwei Turniere hintereinander. Nun stand Akebono die Beförderung zum Yokozuna offen. Er hatte sportlich alle Voraussetzungen erfüllt und sich auch außerhalb des Sumō-Ringes ehrenhaft verhalten. So wurde Akebono am 27. Januar 1993 als erster Ausländer zum 64. Yokozuna ernannt. Diese Meisterleistung war besonders beeindruckend, weil er den Aufstieg von ganz unten bis zum Yokozuna in der kürzesten Zeit schaffte, die je benötigt wurde.

In perfektem Japanisch legte er das Versprechen ab, sich der Aufgabe und der Stellung eines Yokozuna würdig zu erweisen. Am darauffolgenden Tag hielt Akebono am Meiji-Schrein in Tōkyō, erstmals mit dem weißen *Tsuna*-Gürtel bekleidet, vor 4.000 Zuschauern sein erstes Dohyō-iri als Yokozuna ab.

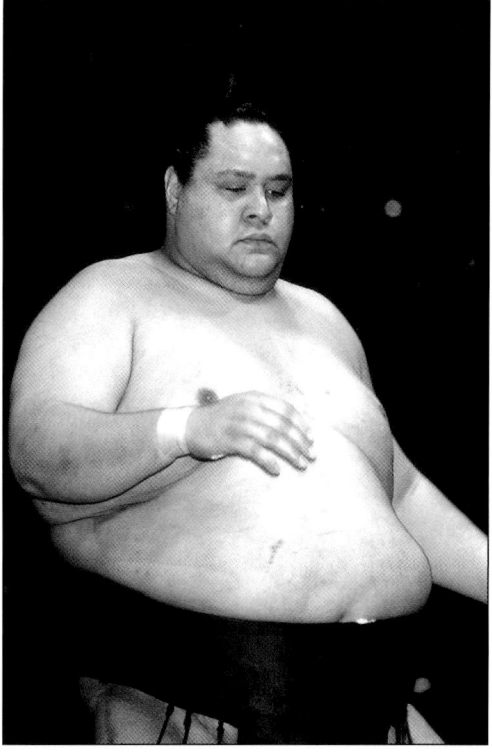

Akebono setzte einen Meilenstein in der Sumō-Geschichte. Er wurde als erster Ausländer zum Yokozuna ernannt.

PORTRÄTS

横顔

Trotz heftiger Schneestürme machte der neue große Meister dabei eine hervorragende Figur.

Als erster ausländischer Yokozuna stand Akebono natürlich immer ganz besonders im Fokus der Öffentlichkeit. Aber er erfüllte die Erwartungen, die Japan an einen Großmeister stellt. Mit steigendem Gewicht wuchs aber auch die Verletzungsanfälligkeit. Die Knie des Yokozuna litten unter der Masse seines Körpers, der zwischen 220 und 230 Kilogramm wog. Im Juni 1994 musste er sich an beiden Knien gleichzeitig operieren lassen. Nach geglücktem Eingriff meldete er sich im März des darauffolgenden Jahres wieder zurück, mit einem Sieg im März in Ōsaka.

Aber trotz des guten Comebacks wurde es von nun an immer schwerer für Akebono, ein Basho erfolgreich zu beenden, denn immer wieder zwangen ihn Verletzungen zu Trainingspausen und Turnierabsagen. Seinen letzten Turniersieg *(yūshō)* errang er im Mai 1997 in Tōkyō. Am letzten Tag schlug er seinen Yokozuna-Rivalen Takanohana und zog mit ihm gleich. Beide hatten 13 Siege und ein Stichkampf musste die Entscheidung bringen. Nachdem er eher defensiv in das erste Duell gegangen war, übernahm Akebono im Play-off-Kampf gleich die Initiative und schleuderte seinen Kontrahenten mit einem spektakulären *Shitate-nage*, einem Unterarmwurf, zu Boden. Das war der neunte Turniersieg für Akebono und bislang auch sein letzter.

Das letzte Turnier im Jahre 1998 in Fukuoka setzte er aus und auch die beiden folgenden zu Beginn des Jahres 1999. Schon wurde spekuliert, dass Akebono endgültig seinen Rücktritt bekannt geben würde. Als er sich zum Sommerturnier im Mai zurückmeldete, wurden von ihm mindestens zehn Siege erwartet. Bei weniger Erfolg hätte der japanische Sumō-Verband (Sumō Kyōkai) ihn zum Rücktritt aufgefordert. Akebono hielt dem Druck aber stand. Nach einem schlechten Start – er kassierte gleich zwei Niederlagen an den ersten beiden Tagen – fand er dann doch noch seinen Rhythmus und schloss mit einem souveränen 11-4 »Kachi-koshi« ab.

Privat hatte Akebono, der inzwischen die japanische Staatsbürgerschaft angenommen hat, lange eine Romanze mit dem japanischen Fernsehstar Yu Aihara. Als diese zu Ende ging, entdeckte er seine Liebe zu der 28-jährigen Christine Kalina, deren Mutter Japanerin und Vater Amerikaner ist. Ende des Jahres 1998 heirateten die beiden. Mit 30 Jahren ist das Ende von Akebonos Karriere sicher schon abzusehen. Aber unabhängig davon, wie lange er noch kämpfen und wieviel er noch erreichen wird, steht eines fest: Als erster ausländischer Yokozuna hat er einen Meilenstein in der Sumō-Geschichte gesetzt und sich für alle Zeiten in den Rekordbüchern des Sumō verewigt.

Musashimaru – der vierte im Yokozuna-Rang

Der vierte Rikishi, der den Aufstieg in den Sumō-Himmel schaffte, war wieder ein Ausländer, der zweite nach Akebono und genau wie er aus Hawaii. Nach zwei Siegen in Serie beim Frühjahrs- und beim Sommerturnier 1999 holte sich Musashimaru den Großmeistertitel und wurde der 67. Yokozuna in der Geschichte.

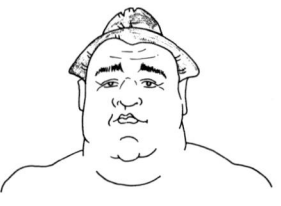

Musashimaru

PORTRÄTS

横顔

Fiamalu Penitani wurde am 2. Mai 1971 auf Samoa geboren und verbrachte dort auch die ersten zehn Jahre seines Lebens. Seine Eltern entschlossen sich dann, mit ihren acht Kindern, davon fünf Jungen und drei Mädchen, wieder nach Hawaii zu ziehen. Fiamalu, der vierte Sohn, war besonders sportlich und athletisch. Auf der Waianae High School stand er in der Defensive Line der American Football-Schulmannschaft. Außerdem gehörte er dem Griechisch-Römischen Ringerteam an. Während seines letzten Schuljahres erhielt er wegen seiner Football-Leistungen viele Angebote für ein Stipendium an einem College, doch er schlug sie alle aus.

Eines Tages wurde er bei einem Ringerwettkampf von Date Jiichirō beobachtet, dem Goldmedaillengewinner im Weltergewicht bei den Olympischen Spielen von Montreal im Jahre 1976. Date stellte ihn Musashigawa Oyakata vor. Der erkannte zwar ein gewisses Talent bei Fiamalu, aber eigentlich hatte er keine allzu große Lust, es noch einmal mit einem Ausländer zu versuchen. Ein Jahr zuvor war er mit William Molina gescheitert, einem anderen Amerikaner, der unter dem Namen Musashinobo gekämpft hatte. Aber Musashinobo war mit dem Leben eines Sumōtori nicht zurechtgekommen. Kurze Zeit später hatte er Japan verlassen und war in die Heimat zurückgekehrt. Sich an das Leben eines Sumōtori anzupassen, kann schon für einen Japaner sehr hart sein, aber für einen Ausländer, einen *Gaijin*, ist es umso schwieriger. So beschloss Musashigawa, den willigen Hawaiianer erst einmal für ein paar Monate probeweise in seinem Team aufzunehmen.

Foto links: Musashimaru, der 67. Yokozuna in der Sumō-Geschichte.

Foto unten: Der frischgebackene Yokozuna feiert seine Beförderung. Die vielen Mikrofone im Vordergrund zeugen von dem großen Medieninteresse. In Japan ist die Ernennung eines Yokozuna ein nationales Ereignis.

Foto rechts: Aloa, Yokozuna Musashimaru strahlt. Um den Hals trägt der in Samoa geborene und in Hawaii aufgewachsene Rikishi Blumenketten aus seiner Heimat.

PORTRÄTS

横顔

Nach der Probezeit wurde Fiamalu Penitani dann offiziell in das Heya übernommen, mit der Möglichkeit, jederzeit in die USA zurückkehren zu dürfen. Es war nicht leicht für ihn, sich an das neue Leben zu gewöhnen. Mit der japanischen Ernährung hatte Penitani die größten Probleme, da seine Leibspeisen, saftige Steaks und dick belegte Sandwiches, in Japan nicht auf dem Speiseplan standen. Auch die japanische Sprache bereitete ihm Schwierigkeiten. Anfangs konnte er sich kaum verständigen. Im ersten Monat telefonierte er nicht ein einziges Mal mit seiner Familie, aus Angst, dass das Heimweh ihn übermannen könnte. Doch trotz erster Anlaufschwierigkeiten machte der Hawaiianer im Training gute Fortschritte, sogar bessere als sein Oyakata gedacht hätte. So wurde ihm der Name Musashimaru gegeben. »Musashi« leitet sich vom Namen seines Teams »Musashigawa« ab, und »Maru« ist die japanische Aussprache des zweiten Teils seines Vornamens.

Musashimaru feierte seinen Einstand im November 1989 und erzielte gleich einen Turniersieg in der untersten Liga, der Jonokuchi-Division. Im nächsten Jahr folgte dann der Turniersieg in der Sandanme-Liga. Im Juli 1991 stieg er in die Jūryō-Division auf und wurde der erste Sekitori (Rikishi mit festem Monatsgehalt) von Musashigawa. Obwohl er dort der einzige Ausländer war, fühlte er sich mittlerweile sehr wohl in seinem Team. Da er sehr schnell in den Rängen aufstieg, brauchte er sich nicht allzu lange höher gestellten Rikishi seines Heya unterzuordnen. Schon sehr bald hatte er sich in seiner Mannschaft eine solche Stellung erkämpft, dass er selbst über Gehilfen unterer Ränge verfügte, sogenannte *Tsukebito*, was ihm durchaus nicht unangenehm war.

Attacke! Musashimaru hält Takatōriki im Würgegriff (im Hintergrund Higonoumi). Nach anfänglichen Anlaufschwierigkeiten ha sich der Hawaiianer mittlerweile gut eingelebt in Japan und fühlt sich wohl in seinem Team.

Er errang als erster Ausländer den Jūryō-Titel, und das gleich im ersten Turnier in dieser Klasse. Ende 1991 stieg er dann in die Makuuchi-Liga auf. Seitdem hat er in jedem Basho eine positive Kampfbilanz *(Kachi-koshi)* erreicht. Im Januar 1994 schaffte er den Sprung zum Ōzeki. Sechs Monate später gelang ihm in Nagoya als erstem Ausländer der Turniersieg mit einem glänzenden 15-0. Sein zweites Basho gewann er 1996 in einem nahezu historischen 5er-Play-off. Diese Stichkämpfe mussten ausgeführt werden, weil gleich fünf Rikishi nach Abschluss des Turniers das gleiche Kampfergebnis erreicht hatten. Den dritten Titel erkämpfte er sich beim Neujahrsturnier 1998 in Tōkyō mit einem 12-3. Doch nach drei Erfolgen versagte er im Turnier, bei dem es um seine Yokozuna-Promotion ging.

Musashimaru, hier mit Musashigawa Oyakata und Ehefrau, erfährt offiziell durch Mitglieder der Sumō Kyōkai (re.) von seine Beförderung zum Yokozuna.

Den vierten Anlauf konnte er dann 1999 wagen, nachdem er das Frühjahrsturnier in Ōsaka gewonnen hatte. Im Sommerturnier, dem Natsu Basho, ging es für ihn nun um alles. Nach einem guten Start mit fünf Siegen in Serie musste er am sechsten Tag eine Niederlage gegen den mongolischen Maegashira Kyokushūzan hinnehmen. Zwei Tage später gab es dann gleich die zweite Abfuhr, wieder gegen einen Maegashira: Chiyotenzan. Danach glaubte auch Musashimaru nicht mehr an den Sieg in diesem Basho und an die Beförderung zum Yokozuna. Doch dann fand er seinen Rhythmus wieder und gewann alle sieben noch ausstehenden Kämpfe. Am letzten Tag errang er den Turniersieg in einem hervorragenden Duell gegen seinen Landsmann Akebono. Musashimaru wurde der 67. und zugleich zweite ausländische Yokozuna in der Geschichte des Sumō.

6

Sumō international

SUMO INTERNATIONAL

国際相撲

Das deutsche WM-Aufgebot in Tōkyō 1998. Hintere Reihe von links: Kerstin Hempel (Sportdirektorin des Deutschen Sumō-Verbands), Peer Schmidt (3. WM, -85kg), Jörg Brümmer (1. WM, +115kg), Thorsten Scheibler (3. WM, Open). Vordere Reihe von links: Eduard Grams (2. WM, -115kg), Andreas Hempel (Kampfrichter) und Reinhard Bunk (Trainer).

Sumō ist eine Sportart, die lange Zeit ausschließlich in Japan betrieben wurde. Das liegt an der starken Verflechtung von traditionellen Ritualen und religiösen Zusammenhängen mit einem knallharten Sport. Diese Mischung ist so speziell auf Japan zugeschnitten, dass auf den ersten Blick eine Ausweitung in andere Kulturkreise nicht möglich erscheint. Außerdem hat der japanische Sumō-Verband (Sumō Kyōkai) auch lange Zeit kein großes Interesse gezeigt, Sumō als weltweiten Kampfsport zu etablieren. Auch heute gibt es noch viele Traditionalisten, die eine Ausweitung über die Grenzen Japans hinaus äußerst argwöhnisch beobachten. Die Sumō Kyōkai veranstaltet zwar weltweit Schaukampfturniere, doch dienen diese nicht dazu, dass in anderen Ländern Sumō-Verbände gegründet werden, sondern sie sind eher als eine Art Werbekampagne für Japan zu betrachten, mit der sich das fernöstliche Land international präsentiert.

Die Bestrebungen, Sumō zu einer international anerkannten Sportart zu machen, werden vom Amateur-Sumō-Verband betrieben, der an den japanischen Universitäten stark vertreten ist. Dessen Ziel ist es, Sumō zu einer olympischen Disziplin zu machen. Die Japaner hoffen, im Jahr 2008 in Nagano die Olympischen Spiele ausrichten zu können. Das Internationale Olympische Komitee (IOC) hat schon oft dem Gastgeberland gestattet, eine zusätzliche Sportart ins Programm aufzunehmen. Japan hat damit schon einmal gute Erfahrungen gemacht. Im Jahre 1964 bei den Spielen in Tōkyō gab es zum ersten Mal Jūdō bei Olympia. Somit hofft man, Sumō zumindest als Demonstrationssportart präsentieren zu dürfen. Um olympische Disziplin zu werden, sollten aber zwei entscheidende Kriterien erfüllt sein. Es müssen kontinentale Meisterschaften stattfinden, also Europameisterschaften, Asienmeisterschaften usw., und außerdem muss die Sportart von Männern und Frauen betrieben werden.

Der Grundstein dazu ist gelegt, denn seit 1995 gibt es Europameisterschaften für Männer. Dort kämpfen die Damen seit 1997 um die Titel mit. Die ersten Weltmeisterinnen sollten eigentlich bei der WM in Riesa 1999 ermittelt werden, was jedoch durch den Einspruch der japanischen Führung im Weltver-

SUMO INTERNATIONAL

band verhindert wurde. Somit hatte das Turnier in Sachsen für die Frauen nur den Rang eines Welt-Sumō-Wettkampfes, während für die Männer reguläre Weltmeisterschaften stattfanden.

Im Gegensatz zum Profi-Sumō sind die Amateurkämpfer in Gewichtsklassen unterteilt. Bei den Männern geht das Leichtgewicht bis 85 Kilogramm, das Mittelgewicht bis 115 Kilogramm und das Schwergewicht liegt über 115 Kilogramm. Zusätzlich gibt es die offene Klasse. Hier wird ohne Gewichtsbeschränkungen gekämpft. Bei den Frauen gilt als unterstes Limit das Leichtgewicht bis 65 Kilogramm. Es folgen das Mittelgewicht bis 80 Kilogramm und das Schwergewicht über 80 Kilogramm. Wie bei den Männern kämpfen auch die Frauen noch zusätzlich in einer offenen Klasse.

Bei Welt- und Europameisterschaften wird auch ein Mannschaftsmeister ermittelt. Hier gehen bei Männern und Frauen jeweils drei Kämpfer an den Start. Es müssen hierbei keine bestimmten Gewichtsklassen besetzt werden, sondern es ist durchaus möglich, mit drei Schwergewichtlern anzutreten. Die Aufstellung der Athleten wird vor Turnierbeginn auf einer geheimen Liste beim Schiedsgericht abgegeben, so dass die Reihenfolge nicht nachträglich noch geändert werden kann. Es darf lediglich einmal ein neuer Sumōtori eingewechselt werden.

Die Mehrzahl der deutschen Sumōtori rekrutiert sich aus Jūdōka. Deshalb trainieren auch die meisten Sumōtori in Jūdōklubs oder Schulen gemeinsam mit Jūdōka. Beide Sportarten sind eng miteinander verwandt, auch die Kampftechniken sind zum Teil sehr ähnlich. Da Japan das Mutterland von Sumō und Jūdō ist, fahren deutsche Spitzen-Jūdōka auch zu Trainingsaufenthalten nach

Nach einer langen erfolgreichen Jūdō-Laufbahn mit zehn Bronzemedaillen bei EM und WM wurde Karin Kutz im Sumō 1998 und 1999 Europameisterin im Mittelgewicht bis 80kg. Wie auf dem Foto zu sehen, tragen die Sumō-Sportlerinnen einen Gymnastikanzug unter ihrem Mawashi.

SUMO INTERNATIONAL

国際相撲

Japan. Dort machen sie dann unweigerlich auch Bekanntschaft mit dem Sumō-Sport, der auch ohne Sprachkenntnisse leicht zu verfolgen ist. Aus ihrem in Japan vorab erworbenen Sumō-Wissen ziehen viele Jūdōka später ihren Nutzen und wechseln das Fach. So besteht der größte Teil der heutigen Sumō-Nationalmannschaft aus ehemaligen oder sogar zum Teil noch aktiven Jūdōka. Es gibt auch Sportler unter den Sumōtori, denen die Nähe zu Japan fehlt, die aber vom technischen Know-How her durchaus mithalten können.

In Deutschland begann man 1992 mit offiziellen Sumō-Kämpfen. Die erste Deutsche Meisterschaft fand in München statt. Wenig später, im Dezember des gleichen Jahres, fand die erste Weltmeisterschaft in Tōkyō statt. Hier feierten die deutschen Sumōtori erste Achtungserfolge. Jochen Plate aus Essen, der schon bei den Jūdō-Weltmeisterschaften 1987 in seiner Heimatstadt Rang drei belegt hatte, gewann die Bronzemedaille, und Gleiches gelang dem Offenburger Martin Voigt, auch er ein früherer Schwergewichts-Jūdōka.

Bis 1999 wurden alle Weltmeisterschaften in Japan ausgetragen. Im Dezember 1999 fand zum ersten Mal eine WM außerhalb des Mutterlandes Japan statt, nämlich im sächsischen Riesa, das sich immer mehr zu einem Zentrum für sportliche Großveranstaltungen entwickelt. Zuvor wurde hier bereits zweimal die Sumō-EM ausgetragen. Europameisterschaften gibt es seit 1995. Die letzte EM des 20. Jahrhunderts fand in Kothla-Järve/Estland statt.

Austragungsorte der EM	
1995	Ingolstadt
1996	Genf
1997	Riesa
1998	Riesa
1999	Kothla-Järve/Estland

Die größten Erfolge bei einer WM erzielten die deutschen Sumōtori 1998 in Tōkyō. Dort gewann mit Jörg Brümmer zum ersten Mal in der Sumō-Geschichte der Amateure ein Deutscher den Weltmeister-Titel. Im Finale des Schwergewichtes über 115 Kilogramm schlug er Nacanieli Qerawaqa von den Fidschi-Inseln. Jörg Brümmer kommt aus Frankfurt an der Oder und bringt 175 Kilogramm auf die Waage. Wie viele andere ist auch er über Jūdō zum Sumō gekommen. Sein größter Jūdō-Erfolg war 1991 der fünfte Platz bei den Weltmeisterschaften in Barcelona. Weitaus erfolgreicher ist aber bislang seine Sumō- Karriere verlaufen. Neben seinem WM-Titel gewann er bislang insgesamt sechs Europameisterschaften, je dreimal im Einzel und mit der Mannschaft, dazu kommen noch einige Silber- und Bronzemedaillen.

Ebenfalls sehr erfolgreich ist der 197 Kilogramm schwere Thorsten Scheibler aus Berlin. Bei den Europameisterschaften 1998 in Riesa war er der überragende Kämpfer und gewann alle drei möglichen Titel, im Schwergewicht, in der offenen Klasse und in der Mannschaft. Im gleichen Jahr wurde er bei der Weltmeisterschaft Dritter in der offenen Klasse.

Im Mittelgewicht bis 115 Kilogramm ist Eduard Grams aus Ingolstadt der herausragende Kämpfer des Deutschen Sumō-Verbandes. Bei Europameisterschaften holte er sich 1995 und 1998 schon zwei Einzeltitel. Außerdem gab es für ihn in denselben Jahren bisher zweimal Silber bei den Weltmeisterschaften. Sowohl Grams als auch Scheibler haben ihre sportliche Laufbahn beim Jūdō begonnen.

SUMO INTERNATIONAL

国際相撲

Im Leichtgewicht bis 85 Kilogramm gewann Peer Schmidt-Düwinger aus Berlin bei der WM '98 die Bronze- und ein Jahr später bei der EM die Silbermedaille.

Auch bei den Frauen sind die erfolgreichsten Kämpferinnen ehemalige oder sogar noch aktive Jūdō-Kämpferinnen. Karin Kutz aus dem Mittelgewicht bis 80 Kilogramm holte in ihrer Jūdō-Karriere insgesamt zehn Bronzemedaillen bei Welt- und Europameisterschaften. Was ihr als Jūdōka nicht gelang, nämlich einen Titel bei solch einer Meisterschaft zu gewinnen, schaffte sie dann 1998 im Sumō, als sie in Riesa Europameisterin wurde.

Herausragend im Schwergewicht und in der offenen Klasse ist Sandra Köppen aus Brandenburg. Bei ihrem ersten Start auf einer Europameisterschaft sicherte sie sich gleich alle drei möglichen Titel. Bei der EM 1999 in Estland verzichtete sie auf einen Start, weil sie sich in dieser Zeit intensiv auf die Jūdō-WM vorbereitete. Beim Weltturnier 1999 in Riesa triumphierte Sandra Köppen

Thorsten Scheibler bei der WM '98 in Tōkyō. Der Deutsche bezwang den schwersten Sumōtori aller Zeiten, Emanuel Yarbrough (319kg) aus den USA, und wurde Dritter in der offenen Klasse.

SUMO INTERNATIONAL

ganz überlegen in der offenen Klasse. Bei den Europameisterschaften '99 wurde sie aber ganz hervorragend von Britta Kreth aus Hildesheim vertreten. Ihr gelang das gleiche Kunststück wie im Vorjahr Sandra Köppen. Britta Kreth schaffte den Dreier-Triumph und holte sich alle drei Goldmedaillen. Im Schwergewicht beim Weltturnier in Riesa kam sie auf Rang zwei.

Auch die deutschen Funktionäre sind in der Europäischen Sumō-Union (ESU) führend. Günter Romenath ist der erste Präsident der ESU und wurde 1999 für vier weitere Jahre in seinem Amt bestätigt. Andreas Hempel, der auch im Jūdō Weltkampfrichter ist, wurde zum Kampfrichterchef der Europäischen Sumō Union gewählt.

Die IFS, die International Sumō Federation, hat zur Zeit 80 Nationen als Mitglieder. Bei der letzten WM gingen davon über 30 Länder mit ihren Nationalteams an den Start. Der Austragungsort der beiden nächsten Weltmeisterschaften steht auch schon fest. Im Jahr 2000 geht es nach Südamerika ins brasilianische Sao Paulo, und 2001 wird Japan wieder das Gastgeberland sein.

Kontaktanschriften des Amateur-Sumō:

International Sumō Federation
Ōnoya Bldg. 7th Fl., 2-20-1 Hyakunin-chō
Shinjuku-ku, Tokyo 169, Japan
Fax: (03) 3360-4020

European Sumō Union
Vieux-Grenadiers 9, BP 631
1211 Geneva, Switzerland
Tel: (022) 3292808, Fax: (022) 3292809

Sumō-Verband Deutschland e.V.
Pressekontakt: Kerstin Hempel, Sportdirektorin
Tel: (034385) 51610, Fax: (034385) 80425
E-mail: Andreas.Kerstin.Hempel@t-online.de

REISE-INFO
旅の情報

7

Reise-Informationen und Adressen

REISE-INFO

Turnierbesuche

Der Tōkyōter Stadtteil Ryōgoku ist seit dem 18. Jahrhundert das Zentrum des Sumō-Sports. Hier befindet sich die große Kokugikan, Tōkyōs Sumō-Halle, in der jedes zweite Turnier, nämlich das Januar-, Mai- und September-Turnier stattfindet. Obwohl der Stadtteil zweimal dem Erdboden gleichgemacht wurde, einmal durch das Große Kantō Erdbeben im Jahre 1923, und ein zweites Mal infolge von Luftangriffen auf die japanische Hauptstadt während des Zweiten Weltkriegs, fanden hier regelmäßig Sumō-Turniere statt. Die 1985 fertiggestellte große Kokugikan beherbergt u.a. auch die Büros des japanischen Sumō-Verbands (Sumō Kyōkai), ein Sumō-Museum sowie eine Klinik und bietet ca. 10.000 Zuschauern Platz.

Sumō-Fans warten vor der Sumō-Halle (Kokugikan) in Tōkyō auf ihre Idole.

Es gibt sechs große Turniere (honbasho) im Jahreskalender der Sumōtori. Ausgetragen werden sie jeden zweiten Monat von Januar an. Alle Turniere bis auf das Nagoya-Basho beginnen am zweiten Sonntag des Monats und enden am vierten Sonntag des Monats, dauern also immer 15 Tage. Das Turnier von Nagoya beginnt ausnahmsweise am ersten Sonntag im Juli. Dazwischen finden mehrere Schauturniere (jungyō) statt, die überall in Japan ausgetragen werden, gelegentlich sogar im Ausland. Allerdings haben deren Ergebnisse keinen Einfluss auf die Rangfolge der Sumōtori und die Plazierung in der offiziellen Rangliste (banzuke).

Tōkyōter Kokugikan von innen.

Turnier-Kalender:

Monat	Turnier	Ort
Januar	Neujahrsturnier (hatsu basho)	Kokugikan, Tōkyō 1-3-28 Yokoami, Sumida-ku, Tōkyō 130-0015, Tel. 03-3623-5111
März	Frühjahrsturnier (haru basho)	Ōsaka Furitsu Taiikukan, Ōsaka 3-4-36 Nanbanaka, Naniwa-ku, Ōsaka 556-0011, Tel. 06-6631-0120
Mai	Sommerturnier (natsu basho)	Kokugikan, Tōkyō, s.o.
Juli	Nagoya-Turnier (Nagoya basho)	Aichi Kenritsu Taiikukan, Nagoya 1-1 Ninomaru, Naka-ku, Nagoya 460-0032, Tel. 052-971-0015
September	Herbstturnier (aki basho)	Kokugikan, Tōkyō, s.o.
November	Kyūshū-Turnier (Kyūshū basho)	Fukuoka Kokusai Center, Fukuoka 2-2 Chikko Honmachi, Hakata-ku Fukuoka 812-0021, Tel. 092-291-9311

Fotos recht(s) (oben) Farbenprächtige Fahnen (nobori) vor der Sumō-Halle; Bronzefigur Ryōgoku; (Mitte) Sum[ō] Souvenirs; Turm (yagura) vor der Sumō-Halle, vo[n] dem aus mit einer Tromm[el] Anfang und Ende eine[s] Turniertages verkünd[et] werden; Bierhalle nebe[n] der Kokugikan in Ryōgok[u,] in der jeder Gast m[it] großem Aufgebot zum Pla[tz] geführt wird; (unten) sog[e]nannte Sewanin in de[r] Kokugikan, die währen[d] des Turniers die Zuschau[er] bewirte[n]

REISE-INFO

旅の情報

Der Zeitplan eines Turniers sieht folgendermaßen aus:
9.00 Jonokuchi-Division
10.00 Jonidan-Division
12.00 Sandanme-Division
13.30 Makushita-Division
14.40 Jūryō-Division Dohyō-iri
14.50 Jūryō-Division
15.40 Makuuchi-Division Dohyō-iri
16.00 Makuuchi-Division
18.00 Yumitori-Shiki, Bogentanz

Am letzten Tag beginnt die Veranstaltung erst um 10.30 Uhr, weil die meisten unteren Klassen ihre Kämpfe schon beendet haben, und endet bereits um 17.30 Uhr. Bis auf kleine Unterbrechungen, wenn die Kampfrichter gewechselt werden, laufen die Kämpfe durchgehend. Eine längere Pause gibt es erst mit dem Dohyō-iri der Jūryō-Liga.

Alle Kämpfe werden täglich live im japanischen Fernsehen übertragen. Um 23 Uhr wird außerdem eine 30-minütige Zusammenfassung aller 20 Kämpfe der Makuuchi-Division ausgestrahlt, wobei die Rituale vor den Kämpfen nicht gezeigt werden. In Deutschland beziehungsweise in Europa werden die Kämpfe der Makuuchi-Division bei Eurosport gezeigt. In einer Stunde werden dort jeweils drei Turniertage zusammengefasst.

Eintrittspreise

Die Höhe der Eintrittspreise richtet sich nach der Art der Sitzplätze. Die besonders fanatischen Sumō-Fans besetzen meist die Sitzplätze in unmittelbarer Nähe des Ringes *(sunakaburi)*. Obwohl man dort der Gefahr ausgesetzt ist, durch einen aus dem Ring stürzenden Sumōtori zerquetscht zu werden, und außerdem den Nachteil hat, dass diese Sitzplätze nicht bewirtet werden, sind sie meist schon weit im voraus für die gesamte Saison ausgebucht. Äußerst beliebt sind auch die »Logen-Boxen« *(masu-seki)*, in denen jeweils vier Personen, auf Sitzkissen versteht sich, Platz finden. Besonders die in Ringnähe sind sehr teuer und werden in der Regel von Geschäftsleuten bzw. Firmen oder Politikern angemietet. Im Preis inbegriffen ist ein Lunchpaket mit verschiedenen kleinen japanischen Speisen wie z.B. Yakitori (Spieße mit Hühnerfleisch). Weiter hinten

Ticketschalter vor der Sumō-Halle (Kokugikan) in Tōkyō

REISE-INFO

befinden sich wie üblich die eher erschwinglichen Sitzplätze, die tribünenartig angeordnet sind. Von hier aus hat man einen guten Überblick über das gesamte Geschehen und mit Hilfe eines Opernglases hat man mitunter eine bessere Sicht als so manch einer auf den überfüllten Logenplätzen.

Während vormittags ab 9 Uhr die eher unbekannten Nachwuchs-Sumōtori kämpfen, ist die Halle meist bis auf einige wenige Sumō-Fanatiker fast leer. Das ändert sich jedoch schlagartig gegen 15 Uhr, kurz bevor das Dohyō-iri (Einmarschzeremonie) der Sekitori (Rikishi der obersten Ränge) beginnt. Der morgendliche Besuch ist jedoch deshalb empfehlenswert, weil man Zugang zum Dohyō hat und sich die gesamte Kulisse einmal von nächster Nähe ansehen kann. Am Nachmittag wird dieser Bereich nämlich für Zuschauer ohne entsprechende Eintrittskarte abgesperrt.

Die Eintrittspreise belaufen sich auf 7.500 Yen (ca. DM 120,-) bis 10.000 Yen (ca. DM 160,-) für einen Logenplatz und 2.300 Yen (ca. DM 37,-) bis 7.500 Yen (ca. DM 120,-) für Plätze auf der Tribüne. Sehr günstig sind die Tageskarten für nur 1.500 Yen (ca. DM 24,-) für die Plätze in den letzten, obersten Reihen. Sie werden morgens ab 8.30 Uhr am Ticket-Schalter der Kokugikan verkauft. Da die Zahl dieser Karten auf etwa 500 begrenzt ist und man sie nicht reservieren oder im voraus kaufen kann, bildet sich schon morgens früh, noch Stunden vor Schalteröffnung, eine lange Warteschlange. Karten für die letzten Turniertage sind besonders begehrt, so dass sich manche Sumō-Fans schon abends vorher am Ticket-Schalter einrichten. Mehr Glück hat man an den ersten Turniertagen, vorausgesetzt man nimmt die erste Bahn nach Ryōgoku. Schwarzmarktpreise sind erwartungsgemäß entsprechend hoch, man muss etwa mit dem fünffachen Preis eines regulären Tickets rechnen.

Ticketvorbestellungen:
Pia Ticket Agentur, Tel. 03-3263-5111. Vorverkaufbeginn ist jeweils drei Wochen vor Beginn eines Turniers, wobei die meisten Karten schon am ersten Tag ausverkauft sind.

Weitere Informationen:

Japanischer Sumō-Verband
(Nihon Sumō Kyōkai)
1-3-28 Yokoami, Sumida-ku,
Tōkyō 130-0015
Tel. 03-3623 -5111

Trainingspause. Rikishi vor dem Mihogaseki-Stall in Ryōgoku.

Besuch in einem Heya

In den meisten Sumō-Ställen (heya) in Tōkyō kann man alltags beim Training zuschauen. Eine vorherige telefonische Anmeldung (in Japanisch!) ist ratsam, aber nicht unbedingt erforderlich. Aktuelle Informationen erhält man auch über das Fremdenverkehrsbüro in Tōkyō (Japan National Tourist Organization 2-10, Yuraku-chō, Chiyoda-ku, Tōkyō 100-0006, Tel. 03-

REISE-INFO

Heya-Adressen

AJIGAWA
1-7-4 Mōri
Kōtō-ku, Tōkyō 135
Tel. (03) 3634-5514

AZUMAZEKI
4-6-4 Higashi Komagata
Sumida-ku, Tōkyō 130
Tel. (03) 3625-0033

HANAKAGO
3956 Uenohara
Uenohara-chō, Kita Tsuru-gun
Yamanashi-ken 409-01
Tel. (0554) 63-5578

IRUMAGAWA
3-32-12 Hachiōji
Yono-shi, Saitama-ken 338
Tel. (048) 858-5043

IZUTSU
2-2-7 Ryōgoku
Sumida-ku, Tōkyō 130
Tel. (03) 3634-9827

KASUGANO
1-7-11 Ryōgoku
Sumida-ku, Tōkyō 130
Tel. (03) 3634-9828

KITANOUMI
2-10-11 Kiyosumi
Kōtō-ku, Tōkyō 135
Tel. (03) 3630-9900

MAGAKI
3-8-1 Kamezawa
Sumida-ku, Tōkyō 130
Tel. (03) 3623-7449

MIHOGASEKI
3-2-12 Chitose
Sumida-ku, Tōkyō 130
Tel. (03) 3632-4767

MIYAGINO
4-6-3 Midori
Sumida-ku, Tōkyō 130
Tel. (03) 3634-6291

NISHONOSEKI
4-17-1 Ryōgoku
Sumida-ku, Tōkyō 130
Tel. (03) 3631-0179

SADOGATAKE
39 Minamimachi, Kushizaki
Matsudo-shi, Chiba-ken 271
Tel. (0473) 84-4973

TAKASAGO
1-16-5 Hashiba
Taitō-ku, Tōkyō 111
Tel. (03) 3876-7770

TATSUTAGAWA
3-28-21 Shin Koiwa
Katsushika-ku, Tōkyō 124
Tel. (03) 5662-0128

ARAISO
9562-2 Yaho
Kunitachi-shi, Tōkyō 186
Tel. (0425) 76-4317

DEWANOUMI
2-3-15 Ryōgoku
Sumida-ku, Tōkyō 130
Tel. (03) 3632-4920

HAKKAKU
1-16-1 Kamezawa
Sumida-ku, Tōkyō 130
Tel. (03) 3621-0404

ISEGAHAMA
1-12-2 Kotobuki
Taitō-ku, Tōkyō 111

KABUTOYAMA
5-19-7 Hongō
Bunkyō-ku, Tōkyō 113
Tel. (03) 3811-9080

KATAONAMI
1-33-9 Ishihara
Sumida-ku, Tōkyō 130
Tel. (03) 3623-9596

KOKONOE
4-22-4 Ishihara
Sumida-ku, Tōkyō 130
Tel. (03) 5608-0404

MATSUGANE
4-13-1 Kosaku-chō,
Funabashi-shi, Chiba-ken 273
Tel. (0473) 38-3081

MINATO
2-20-10 Shibanakada
Kawaguchi-shi,
Saitama-ken 133
Tel. (048) 266-0015

MUSASHIGAWA
4-27-1 Higashi Nippori
Arakawa-ku, Tōkyō 130
Tel. (03) 3802-6333

OGURUMA
2-15-5 Kiyosumi
Kōtō-ku, Tōkyō 135
Tel. (03) 5245-5103

SHIKIHIDE
4-17-17 Sanuki
Ryūgazaki-shi
Ibaraki-ken 301
Tel. (0297) 66-9835

TAKASHIMA
3-21-2 Kami Isshiki
Edogawa-ku, Tōkyō 133
Tel. (03) 5607-5488

TOKITSUKAZE
3-15-3 Ryōgoku
Sumida-ku, Tōkyō 130
Tel. (03) 3634-8549

ASAHIYAMA
4-14-21 Kita Kasai
Edogawa-ku, Tōkyō 132
Tel. (03) 3686-4950

FUTAGOYAMA
3-10-6 Honmachi
Nakano-ku, Tōkyō 164
Tel. (03) 3375-2432

HANAREGOMA
3-12-7 Asagaya Minami
Suginami-ku, Tōkyō 166
Tel. (03) 3391-9748

ISENOUMI
3-17-6 Harue-chō
Edogawa-ku, Tōkyō 132
Tel. (03) 3677-6860

KAGAMIYAMA
8-16-1 Kita Koiwa
Edogawa-ku, Tōkyō 133
Tel. (03) 3673-7339

KISE
2-35-21 Hongō
Bunkyō-ku, Tōkyō 113
Tel. (03) 3811-6365

KUMAGATANI
1-6-28 Minami Koiwa
Edogawa-ku, Tōkyō 133
Tel. (03) 3671-9511

MICHINOKU
971 Nagasaku-chō,
Hanamigawa-ku
Chiba-shi, Chiba-ken 262
Tel. (043) 286-1951

MINEZAKI
2-20-3 Tagara
Nerima-ku, Tōkyō 179
Tel. (03) 5997-3601

NAKAMURA
4-1-10 Chūō
Edogawa-ku, Tōkyō 132
Tel. (03) 3655-1808

ŌSHIMA
3-5-3 Ryōgoku
Sumida-ku, Tōkyō 130
Tel. (03) 3631-9708

TAIHŌ
2-8-3 Kiyosumi
Kōtō-ku, Tōkyō 135
Tel. (03) 3820-8340

TAMANOI
4-12-14 Umeda
Adachi-ku, Tōkyō 123
Tel. (03) 3852-4333

TOMOZUNA
1-20-7 Mōri
Kōtō-ku, Tōkyō 135
Tel. (03) 3631-6390

ABUMATSU
5-15-14 Saginuma,
Narashino-shi,
Chiba-ken 275

KIRIYAMA
2-47-7 Higashi Ogu,
Arakawa-ku,
Tōkyō 116

NIJUYAMA
2-1-18 Tachikawa,
Sumida-ku,
Tōkyō 130

NARUTO
183 Yatsugasaki
Matsudo-shi, Chiba-ken 270
Tel. (0473) 46-4110

OSHIOGAWA
2-17-7 Kiba
Kōtō-ku, Tōkyō 135
Tel. (03) 3643-9797

TAKADAGAWA
2-1-15 Ichinoe
Edogawa-ku, Tōkyō 132
Tel. (03) 3656-5604

TATSUNAMI
3-26-2 Ryōgoku
Sumida-ku, Tōkyō 130
Tel. (03) 3631-2424

WAKAMATSU
3-5-4 Honjo
Sumida-ku, Tōkyō 130
Tel. (03) 5608-3223

3216-1902, Fax: 03-3216-1846). Man sollte spätestens um 8 Uhr da sein und mit den japanischen Straßenbezeichnungen und -nummerierungen vertraut sein, da es mitunter schwierig ist, den Weg zu finden. Am besten ist es, wenn man sich in Begleitung eines Japaners auf den Weg macht. Ein einfacher Touristen-Stadtplan reicht in der Regel nicht aus, um sich zurecht zu finden.

Besuch im Chanko-Nabe-Restaurant

Wer einmal wie ein Sumōtori essen möchte, dem sei ein Besuch in einem Chanko-Nabe-Restaurant empfohlen, die fast ausschließlich von ehemaligen Rikishi geführt werden. Hier einige Adressen für Tōkyō:

Terao Chanko
Maison du Rafine 1F,
2-11-2 Ishihara,
Sumida-ku, Tōkyō 130
täglich 17-22 Uhr
(außer Di.)
Tel.: 03-3626-7541

Terukuni Chanko
1-17-6 Ryōgoku,
Sumida-ku, Tōkyō 130
Täglich 17-23 Uhr
(Sa.+So.: 12-22 Uhr)
Tel.: 03-3631-0711

Tomo-Ji
3-24-4 Ryōgoku,
Sumida-ku, Tōkyō 130
täglich 17-22:30 Uhr
(außer So.+Feiertag)
Tel.: 03-3631-4889

Naruyama
3-9-2 Kudan Minami,
Chiyoda-ku, Tōkyō 102
Tel.: 03-3261-1632

Tamakatsu
3-2-12 Negishi, Taitō-ku,
Tōkyō 110
Tel.: 03-3872-8712

Furiwake
3-35-13 Yushima,
Bunkyō-ku, Tōkyō 113
Tel.: 03-3836-5888

Momotarō Chanko
im Bahnhof von Ryōgoku
täglich 11:30-1:30 und
17- 22 Uhr
Tel.: 03-3633-9774

Kappō Yoshiba
2-14-5 Yokoami,
Sumida-ku, Tōkyō 130
täglich 17-22 Uhr
(außer So.+Feiertag)
Tel.: 03-3623-4480

Ichinotani
2-10-2 Soto Kanda,
Chiyoda-ku, Tōkyō 101
Tel.: 03-3251-8500

Daikirin
1-1-11 Nezu, Bunkyō-ku,
Tōkyō 113
Tel.: 03-3823-5998

Yoshiba
4-8-11 Ginza, Chūō-ku,
Tōkyō 104
Tel.: 03-3567-4481

Kitaseumi
1-21-22 Nishi Koiwa,
Edogawa-ku, Tōkyō 133
Tel.: 03-3672-7393

Kawasaki Chanko
2-13-1 Ryōgoku,
Sumida-ku, Tōkyō 130
täglich 17-22 Uhr
(außer So.+Feiertag)
Tel.: 03-3631-2529

Tomoegata
2-17-6 Ryōgoku,
Sumida-ku, Tōkyō 130
täglich 11:30-22 Uhr
Tel.: 03-3633-5600

Hamariki
2-14-5 Takadanobaba,
Shinjuku-ku, Tōkyō 169
Tel.: 03-3200-2901

Kiyokuni
2-14-23 Koishikawa,
Bunkyō-ku, Tōkyō 112
Tel.: 03-3672-7393

Izutsu
4-18-8 Shinbashi,
Minato-ku, Tōkyō 105
Tel.: 03-3434-5557

Chanko-Nabe-Zubereitung: Hähnchenfüße werden ausgekocht. Die Sud dient als Grundbasis der Suppe. Dazu kommen Shiro-Miso (weiße Sojabohnenpaste) und Gewürze je nach Geschmacksrichtung. Danach werden Karotten, Pilze (Shiitake), Tōfu, Dango (Reisbällchen), Rettich, Zwiebeln, Lauch, Konnyaku (farblose Masse aus Aronstabknollen) und Hühnchenfleisch darin gekocht. Mit Sojasoße und Zucker wird die Suppe schließlich abgeschmeckt.

Speisekarte des Chanko-Nabe-Restaurants Hamariki.

REISE-INFO

旅の情報

Die offizielle Rangliste *(banzuke)*

Rangliste des Herbstturniers *(aki basho)* 1999:

Makuuchi-Division:

Ost:			West:		
Y	-	Akebono	Y	-	Musashimaru
Y	-	Takanohana	Y	-	Wakanohana
O	-	Chiyotaikai	O	-	Takanonami
O	-	Dejima			
S	-	Kaiō	S	-	Tosanoumi
K	-	Kotonishiki	K	-	Musōyama
M 1	-	Tochiazuma	M 1	-	Tamakasuga
M 2	-	Kyokushūzan	M 2	-	Asanoshō
M 3	-	Tōki	M 3	-	Akinoshima
M 4	-	Shikishima	M 4	-	Kotonowaka
M 5	-	Miyabiyama	M 5	-	Minatofuji
M 6	-	Chiyotenzan	M 6	-	Wakanosato
M 7	-	Takatōriki	M 7	-	Terao
M 8	-	Tochinonada	M 8	-	Aogiyama
M 9	-	Kaiho	M 9	-	Ganyū
M 10	-	Tokitsuumi	M 10	-	Kotoryū
M 11	-	Wakanoyama	M 11	-	Higonoumi
M 12	-	Kyokutenhō	M 12	-	Hamanoshima
M 13	-	Kinkaiyama	M 13	-	Yotsukasa
M 14	-	Otsukasa	M 14	-	Asanowaka
M 15	-	Ohinode			

Y= Yokozuna, O= Ōzeki, S= Sekiwake, K= Komusubi, M= Maegashira

Jūryō:

Ost:			West:		
J 1	-	Daizen	J 1	-	Kitakachidoki
J 2	-	Gojōrō	J 2	-	Susanoumi
J 3	-	Wakanojō	J 3	-	Tomonohana
J 4	-	Mitoizumi	J 4	-	Ōikari
J 5	-	Takanowaka	J 5	-	Mainoumi
J 6	-	Kobo	J 6	-	Dewaarashi
J 7	-	Oginishiki	J 7	-	Daishi
J 8	-	Towanoyama	J 8	-	Hayateumi
J 9	-	Dewataira	J 9	-	Akinoshū
J 10	-	Hoshitango	J 10	-	Sentoryū
J 11	-	Wakahayato	J 11	-	Tochinohana
J 12	-	Kotoiwakuni	J 12	-	Tamarikidō
J 13	-	Kitazakura	J 13	-	Tamanonada

Zahl der Rikishi:
- Makuuchi 40
- Jūryō 26
- Makushita 120
- Sandanme 200
- Jonidan 320
- Jonokuchi 99

insgesamt: 805

REISE-INFO

Porträts der Makuuchi-Rikishi

曙	Akebono:	Yokozuna (Ost); Azumazeki-Stall; Hawaii/USA; Größe: 204cm; Gewicht: 234kg
武蔵丸	Musashimaru:	Yokozuna (West); Musashigawa-Stall; Hawaii/USA; Größe: 191,6cm; Gewicht: 223kg
貴乃花	Takanohana:	Yokozuna (West); Futagoyama-Stall; Tōkyō; Größe: 184cm; Gewicht: 158kg
若乃花	Wakanohana:	Yokozuna (Ost); Futagoyama-Stall; Tōkyō; Größe: 180cm; Gewicht: 134kg
千代大	Chiyotaikai:	Ōzeki (Ost); Kokonoe-Stall; Ōita; Größe: 181cm; Gewicht: 159kg
貴ノ波	Takanonami:	Ōzeki (West); Futagoyama-Stall; Aomori; Größe: 196cm; Gewicht: 168kg
出島	Dejima:	Ōzeki (Ost); Musashigawa-Stall; Ishikawa; Größe: 180cm; Gewicht: 159kg
魁皇	Kaiō:	Sekiwake (Ost); Tomozuna-Stall; Fukuoka; Größe 184cm; Gewicht: 166kg
土佐ノ海	Tosanoumi:	Sekiwake (West); Isenoumi-Stall; Kōchi; Größe: 187cm; Gewicht: 163kg
琴錦	Kotonishiki:	Komusubi (Ost); Sadogatake-Stall; Gunma; Größe: 176cm; Gewicht: 135kg
武双山	Musōyama:	Komusubi (West); Musashigawa-Stall; Ibaraki; Größe: 186cm; Gewicht: 168kg
栃東	Tochiazuma:	Maegashira 1 (Ost); Tamanoi-Stall; Tōkyō; Größe: 180cm; Gewicht: 145kg
玉春日	Tamakasuga:	Maegashira 1 (West); Kataonami-Stall; Ehime; Größe: 183cm; Gewicht: 151kg
旭鷲山	Kyokushūzan:	Maegashira 2 (Ost); Oshima-Stall; Mongolei; Größe: 182cm; Gewicht: 137kg
朝乃翔	Asanosho:	Maegashira 2 (West); Wakamatsu-Stall; Kanagawa; Größe: 185cm; Gewicht: 137kg
闘牙	Tōki:	Maegashira 3 (Ost); Takasago-Stall; Chiba; Größe: 189cm; Gewicht: 166kg
安芸乃島	Akinoshima:	Maegashira 3 (West); Futagoyama-Stall; Hiroshima; Größe: 176cm; Gewicht: 158kg

● **REISE-INFO**

旅の情報

敷島	Shikishima:	Maegashira 4 (Ost); Tatsutagawa-Stall; Chiba; Größe: 184cm; Gewicht: 184kg
琴の若	Kotonowaka:	Maegashira 4 (West); Sadogatake-Stall; Yamagata; Größe: 190cm; Gewicht: 175kg
雅山	Miyabiyama:	Maegashira 5 (Ost); Musashigawa-Stall; Ibaraki; Größe: 186cm; Gewicht: 171kg
湊冨士	Minatofuji:	Maegashira 5 (West); Minato-Stall; Gunma; Größe: 186cm; Gewicht: 168,5kg
千代天山	Chiyotenzan:	Maegashira 6 (Ost); Kokonoe-Stall; Ōsaka; Größe: 184cm; Gewicht: 147kg
若の里	Wakanosato:	Maegashira 6 (West); Naruto-Stall; Aomori; Größe: 185cm; Gewicht: 155kg
貴闘力	Takatōriki:	Maegashira 7 (Ost); Futagoyama-Stall; Kōbe; Größe: 181cm; Gewicht: 151kg
寺尾	Terao:	Maegashira 7 (West); Izutsu-Stall; Kagoshima; Größe: 185cm; Gewicht: 111kg
栃乃洋	Tochinonada:	Maegashira 8 (Ost); Kasugano-Stall; Ishikawa; Größe: 186cm; Gewicht: 165kg
蒼樹山	Aogiyama:	Maegashira 8 (West); Tokitsukaze-Stall; Shiga; Größe: 181cm; Gewicht: 151kg
海鵬	Kaiho:	Maegashira 9 (Ost); Hakkaku-Stall; Aomori; Größe: 177cm; Gewicht: 123kg
巖雄	Ganyū:	Maegashira 9 (West); Kitanoumi-Stall; Hyōgo; Größe: 184cm; Gewicht: 170kg
時津海	Tokitsuumi:	Maegashira 10 (Ost); Tokitsukaze-Stall; Nagasaki; Größe: 184cm; Gewicht: 127kg
琴龍	Kotoryū:	Maegashira 10 (West); Sadogatake-Stall; Chiba; Größe: 183cm; Gewicht: 144kg
和歌乃山	Wakanoyama:	Maegashira 11 (Ost); Musashigawa-Stall; Wakayama; Größe: 176cm; Gewicht: 158kg
肥後ノ海	Higonoumi:	Maegashira 11 (West); Mihogaseki-Stall; Kumamoto; Größe: 182cm; Gewicht: 148kg
旭天鵬	Kyokutenhō:	Maegashira 12 (Ost); Ōshima-Stall; Mongolei; Größe: 191cm; Gewicht: 141kg
濱ノ鴻	Hamanoshima:	Maegashira 12 (West); Mihogaseki-Stall; Kumamoto; Größe: 178cm; Gewicht: 120kg

REISE-INFO

金開山	Kinkaiyama:	Maegashira 13 (Ost); Dewanoumi-Stall; Nagasaki; Größe: 183cm; Gewicht: 149kg
燁司	Yotsukasa:	Maegashira 13 (West); Irumagawa-Stall; Mie; Größe: 177cm; Gewicht: 157kg
皇司	Ōtsukasa:	Maegashira 14 (Ost); Irumagawa-Stall; Hyōgo; Größe: 176cm; Gewicht: 144kg
朝乃若	Asanowaka:	Maegashira 14 (West); Wakamatsu-Stall; Aichi; Größe: 176cm; Gewicht: 138kg
大日ノ出	Ōhinode:	Maegashira 15 (Ost); Tatsunami-Stall; Hyōgo; Größe: 183cm; Gewicht: 149kg

Statistiken

Rikishi mit den meisten »Kinboshi«:

1. Akinoshima — 15 (noch aktiver Rikishi)
2. Takamiyama — 12
3. Kitonoada — 10
4. Annenyama — 10
5. Dewanishiki — 10
6. Tamanoumi — 9

Rikishi mit den meisten Turniersiegen:

1. Taihō — 32
2. Chiyonofuji — 31
3. Kitanoumi — 24
4. Takanohana II — 20
5. Wajima — 14
6. Futabayama — 12

Rikishi mit den meisten Siegen in der Makuuchi-Division:

1. Chiyonofuji — 807
2. Kitanoumi — 804
3. Taihō — 746
4. Takamiyama — 683
5. Konishiki — 649
6. Wajima — 620
7. Kashiwado — 599
8. Kitanofuji — 592

Jüngste Yokozuna:

1. Kitanoumi — 21 Jahre, 2 Monate
2. Taihō — 22 Jahre, 3 Monate
3. Takanohana II — 22 Jahre, 6 Monate
4. Kashiwado — 22 Jahre, 11 Monate

Yokozuna der Sumō-Geschichte

Name (geb./gest.)	Stall	Größe/Gewicht (in cm/kg)	Ernennung (zum Yokozuna)	Rücktritt
1. Akashi Shiganosuke (?)	(?)	(?)	(?)	(?)
2. Ayagawa Gorōji (?)	(?)	(?)	(?)	(?)
3. Maruyama Gontazaemon (?-1749)	(?)	(?)	(?)	(?)
4. Tanikaze Kajinosuke (1750-95)	Sekinoto	189/161	1789	(vorher gestorben)
5. Onogawa Kisaburō (1758-1806)	Onogawa	176/116	1789	1798
6. Ōnomatsu Midorinosuke (1791-1851)	Takekuma	173/136	1828	1835
7. Inazuma Raigorō (1795-1877)	Sadogatake	179/150	1830	1839
8. Shiranui Dakuemon (1801-54)	Urakaze	176/132	1842	1844
9. Hidenoyama Raigorō (1808-62)	Hidenoyama	164/150	1845	1850
10. Unryū Hisakichi (1823-91)	Oitsukaze	178/135	1861	1865
11. Shiranui Kōemon (1825-79)	Sakaigawa	177/120	1863	1869
12. Jinmaku Hisagorō (1829-1903)	Hidenoyama	174/138	1867	1867
13. Kimenzan Tanigorō (1826-71)	Takekuma	184/140	1869	1870
14. Sakaigawa Namiemon (1843-89)	Sakaigawa	169/130	1876	1881
15. Umegatani Tōtarō I (1845-1928)	Tamagaki	176/105	1884	1885
16. Nishinoumi Kajirō I (1855-1908)	Takasago	176/127	1890	1896
17. Konishiki Yasokichi (1867-1914)	Takasago	168/128	1896	1900
18. Ōzutsu Man'emon (1870-1918)	Ōguruma	197/134	1901	1908
19. Hitachiyama Taniemon (1874-1922)	Dewanoumi	175/145	1903	1914
20. Umegatani Totarō I (1878-1927)	Ikazuchi	168/158	1903	1915
21. Wakashima Gonshirō (1876-1943)	Tachiyama	178/107	1905	1907
22. Tachiyama Mine'emon (1877-1941)	Tomotsuna	188/139	1911	1918
23. Ōkido Moriemon (1877-1916)	Minato	180/130	1912	1914
24. Ōtori Tanigorō (1887-1956)	Miyagino	174/116	1915	1920
25. Nishinoumi Kajirō II (1880-1931)	Izutsu	182/139	1916	1918
26. Ōnishiki Uichirō (1891-1941)	Dewanoumi	176/142	1917	1923
27. Tochigiyama Moriya (1892-1959)	Dewanoumi	172/105	1918	1925
28. Ōnishiki Daigorō (1883-1943)	Asahiyama	177/113	1918	1923
29. Miyagiyama Fukumatsu (1895-1943)	Iwate	176/113	1922	1931
30. Nishinoumi Kajirō III (1890-1933)	Izutsu	185/116	1923	1928
31. Tsunenohana Kan'ichi (1896-1960)	Dewanoumi	178/115	1924	1930
32. Tamanishiki San'emon (1903-38)	Nishonoseki	173/131	1933	(vorher gestorben)
33. Musashiyama Takeshi (1909-69)	Dewanoumi	186/116	1936	1939

Name (geb./gest.)	Stall	Größe/Gewicht (in cm/kg)	Ernennung (zum Yokozuna)	Rücktritt
34. Minanogawa Tōzō (1903-71)	Takasago	193/160	1936	1942
35. Futabayama Sadaji (1912-68)	Tatsunami	179/122	1938	1945
36. Haguroyama Masaji (1914-69)	Tatsunami	179/116	1942	1953
37. Akinoumi Setsuo (1914-79)	Dewanoumi	176/109	1943	1946
38. Terukuni Manzō (1919-77)	Isegahama	173/161	1943	1953
39. Maedayama Eigorō (1914-71)	Takasago	181/118	1947	1949
40. Azumafuji Kin'ichi (1921-73)	Takasago	179/154	1949	1954
41. Chiyonoyama Masanobu (1926-77)	Dewanoumi	191/122	1951	1959
42. Kagamisato Kiyoji (1922)	Tokitsukaze	172/160	1953	1958
43. Yoshibayama Junnosuke (1920-77)	Takashima	179/142	1954	1958
44. Tochinishiki Kiyotaka (1925-90)	Kasugano	178/113	1955	1960
45. Wakanohana Kanji (1928)	Hanakago	179/105	1958	1962
46. Asashio Tarō (1929-88)	Takasago	188/135	1959	1962
47. Kashiwado Tsuyoshi (1938-96)	Isenoumi	188/127	1961	1969
48. Taihō Kōki (1940)	Nishonoseki	187/133	1961	1971
49. Tochinoumi Akiyoshi (1933)	Kasugano	177/107	1964	1966
50. Satanoyama Shinmatsu (1944)	Dewanoumi	182/127	1965	1968
51. Tamanoumi Masahiro (1942-71)	Kataonami	177/135	1970	(vorher gestorben)
52. Kitanofuji Katsuaki (1940)	Kokonoe	181/135	1970	1974
53. Kotozakura Masakatsu (1940)	Sadogatake	182/159	1973	1974
54. Wajima Hiroshi (1948)	Hanakago	184/125	1973	1981
55. Kitanoumi Toshimitsu (1953)	Mihogaseki	181/170	1974	1985
56. Wakanohana Kanji (1953)	Futagoyama	187/136	1978	1983
57. Mienoumi Tsuyoshi (1948)	Dewanoumi	180/135	1979	1980
58. Chiyonofuji Mitsugu (1955)	Kokonoe	182/127	1981	1991
59. Takanosato Toshihide (1952)	Futagoyama	181/158	1983	1986
60. Futahaguro Kōji (1963)	Tatsunami	199/161	1986	1987
61. Hokutoumi Nobuyoshi (1963)	Kokonoe	181/151	1987	1992
62. Ōnokuni Yasushi (1962)	Hanaregoma	189/211	1987	1991
63. Asahifuji Seiya (1960)	Ōshima	188/143	1990	1992
64. Akebono Tarō (1969)	Azumazeki	204/234	1993	
65. Takanohana Kōji (1972)	Futagoyama	184/158	1994	
66. Wakanohana Masaru (1971)	Futagoyama	180/134	1998	
67. Musashimaru Kōyō (1971)	Musashigawa	192/223	1999	

GLOSSAR

Banzuke: Offizielle Rangliste. Sie wird nach jedem Turnier neu erstellt, wobei die Rikishi je nach Kampfergebnis neu eingestuft, d.h. befördert oder abgestuft werden, mit Ausnahme der Yokozuna, die als einzige nicht abgestuft werden können.

Basho: Turniere. Sie finden sechsmal im Jahr, jeweils in den ungeraden Monaten, statt. Das erste große Turnier in der Sumō-Geschichte wurde im Jahre 1623 veranstaltet. Ab 1790 gab es jedes Jahr ein Turnier, dessen Ablauf ähnlich den heutigen Turnieren war.

Chanko Nabe: Traditionelles Hauptgericht der Sumōtori. Eine Art Suppeneintopf mit viel Fleisch und Gemüse.

Chikara-mizu: Kraftwasser. Zu den Reinigungsritualen vor dem Kampf gehört es, sich den Mund mit Wasser auszuspülen, das vom Vorgänger oder Nachfolger in einer Schöpfkelle gereicht wird. Der Vorgänger reicht es nur dann nicht, wenn er seinen Kampf verloren hat.

Chikara-gami: Kraftpapier. Zu den Reinigungsritualen vor dem Kampf gehört es, sich symbolisch mit Papier den Mund und den Oberkörper abzureiben.

Chiri: Als Bestandteil des Yokozuna-Dohyō-iri beschreibt es das Aneinanderreiben der Hände während der Zeremonie. Es geht auf ein altes Ritual der Samurai zurück, die vor einem Krieg Gras aus der Erde rissen, um damit die Hände zu reinigen.

Chon-mage: Haarknoten der Sumōtori (siehe mage!).

Danpatsu-shiki: Rücktrittszeremonie, bei der der Haarknoten des Sumōtori abgeschnitten wird.

Dohyō: Sumō-Ring.

Dohyō-iri: Einmarschzeremonie der Jūryō- und Makuuchi-Rikishi vor den Kämpfen ihrer Kampfklasse.

Eboshi: Kopfbedeckung des Schiedsrichters.

Fusen-shō: Sieg durch Nichtantreten des Gegners.

Ginōshō: Technikpreis. Für Rikishi, die sich bei ihren Turnierkämpfen durch besondere Geschicklichkeit ausgezeichnet haben.

Gohei: Weiße gezackte Papierstreifen am Gürtel des Yokozuna. Shintōistisches Symbol für etwas Göttliches.

Gunbai: Schiedsrichterschild.

Gyōji: Schiedsrichter.

Hyōshigi: Holzkläpper. Sie stammen ursprünglich aus dem traditionellen japanischen Theater, dem Kabuki, wo sie dazu dienen, den Zuschauer auf wichtige Szenen aufmerksam zu machen.

Heya: Sumō-Stall.

Jonidan: Nächsthöhere Rangstufe nach Jonokuchi, dem untersten Rang im Sumō. Die Jonidan-Liga hat die höchste Zahl von Rikishi.

Jonokuchi: Unterster Rang, in den alle Anfänger nach ihrem zweiten Turnier im Maezumō, einer Art Vorstufe im Sumō, kommen.

Jūryō: Unterster Rang der bezahlten Ränge. Vorstufe zur Makuuchi-Division.

Kachi-koshi: Positive Kampfbilanz. Wenn ein Rikishi mehr Kämpfe gewinnt als verliert.

Kantōshō: Preis für den Rikishi mit dem größten Kampfgeist.

Keiko: Sumō-Training.

Kenshō-kin: Siegesgeld. Es wird von Sponsoren auf interessante Kämpfe der oberen Ränge ausgesetzt.

Keshō-mawashi: Schmuckvolle Zierschürze aus Brokatseide, die von den Sumōtori beim Dohyō-iri getragen wird.

Kimarite: Siegestechniken im Sumō.

Kinboshi: »Goldener Stern«, den ein Rikishi im Rang eines Maegashira für den Sieg über einen Yokozuna bekommt.

Kinjite: Verbotene Techniken. Dazu gehört z. B. an den Haaren zu ziehen, die Kehle abzudrücken, gegen Bauch, Brust oder Kopf zu treten, gleichzeitig auf beide Ohren zu schlagen, usw.

Kōenkai: Sponsorengruppen, die einen Sumō-Stall (heya) oder einen einzelnen Rikishi finanziell unterstützen.

Kokugikan: Sumō-Halle in Tōkyō.

Komusubi: Vierthöchster Rang in der Makuuchi-Division hinter Sekiwake, Ōzeki und Yokozuna.

Maegashira: Unterster Rang in der Makuuchi-Division, die die fünf höchsten Ränge

GLOSSAR

im Sumō umfasst. Insgesamt gibt es etwa 30 Maegashira, die in Ost und West unterteilt und von 1 bis 15 durchnummeriert sind.

Maezumō: Sumō-Vorstufe.

Mage: Haarknoten. Allgemein gilt: Je höher der Rang, desto kunstvoller ist der Haarknoten des Sumōtori. Er dient als Schmuck und zum Schutz vor Kopfverletzungen. Während des Turniers tragen die Sekitori (Rikishi der bezahlten Ränge) einen Ō-ichō-mage, der sehr kunstvoll ist und der Form eines Ginkgo-Blattes ähnlich sieht. Rangtiefere Sumōtori tragen den einfacheren Chon-mage.

Make-koshi: Negative Kampfbilanz. Wenn ein Rikishi während eines Turniers mehr Kämpfe verliert als gewinnt.

Makushita: Höchster Rang in der Gruppe der unbezahlten Ränge.

Makuuchi: Die Top-Division, zu der die Ränge Maegashira, Komusubi, Sekiwake, Ōzeki und Yokozuna zählen. Die Gruppe der Makuuchi umfasst 40 Rikishi.

Masu: Zuschauer-Logen in der Sumō-Halle.

Matawari: Spezielle Übung beim Sumō-Training, wobei die Rikishi mit weit gespreizten Beinen auf dem Boden sitzen und versuchen, mit Brust und Kopf den Boden zu berühren.

Matta: Fehlstart.

Mawashi: Kampfgürtel.

Mono-ii: Beratung der Außenrichter, wenn sie mit der Entscheidung des Schiedsrichters nicht einverstanden sind.

Myōseki: Bezeichnung für die 105 historischen Oyakata-Titel (auch *toshiyori-kabu* genannt), die vom Japanischen Sumō-Verband verliehen werden (siehe Oyakata!).

Nihon Sumō Kyōkai: Japanischer Profi-Sumō-Verband.

Niramiai: Psychologische Kampfführung. Mit durchdringenden Blicken versuchen die Rikishi, ihren Gegner einzuschüchtern und zu verunsichern.

Ō-ichō-mage: Haarknoten (siehe mage!).

Oshi: Schiebetechnik.

Oyakata: »Älteste«. Ehemalige Sumōtori, die nach ihrem Rückzug aus dem aktiven Sport einen eigenen Stall (heya) führen.

Ōzeki: Zweithöchster Rang im Profi-Sumō.

Rikishi: Japanischer Begriff für Sumō-Kämpfer, auch Sumōtori genannt.

Sandanme: Zweithöchster Rang in den unbezahlten Rängen hinter Makushita.

Sanyaku: Die drei höchsten Ränge nach dem Yokozuna (Komusubi, Sekiwake und Ōzeki).

Sawari: Zierfransen an den Kampfgürteln der Sumōtori der bezahlten Ränge.

Sekitori: Sumōtori der bezahlten Ränge (Jūryō und Makuuchi-Division).

Sekiwake: Dritthöchster Rang in der Makuuchi-Division hinter Ōzeki und Yokozuna.

Shikiri: Vorkampfzeremoniell. Dazu gehören Reinigungsrituale wie das Salzstreuen und das Ausspülen des Mundes mit Wasser.

Shiko: Spezielle Übung beim Sumō-Training, wobei der Rikishi sein Bein so hoch wie möglich seitwärts in die Höhe hebt – die Hand liegt dabei auf dem Knie – und anschließend den Fuß mit voller Kraft auf den Boden stampft.

Shikona: Ringname. Eine Art »Künstlername«, den die Rikishi verliehen bekommen.

Shindeshi-kensa: Medizinische Untersuchung für Sumō-Anfänger.

Shinpan: Außenrichter.

Shintō: Der Shintōismus ist eine Naturreligion, in der zahlreiche Naturgottheiten verehrt werden.

Shitaku-beya: Umkleide- und Warteraum für die Rikishi bei den Turnieren.

Shukun-shō: Preis für außergewöhnliche Leistungen. Er wird an einen Rikishi der obersten Ränge (unter Ōzeki) verliehen, der die meisten Yokozuna oder Ōzeki im Turnier besiegen konnte.

Shussei hirō: Zeremonie während eines Turniers, in der dem Publikum die Nachwuchs-Rikishi vorgestellt werden.

Sumōtori: Japanischer Begriff für Sumō-Ringer, auch Rikishi genannt.

Tachiai: Erster Angriff.

Tachimochi: »Schwertträger« beim Dohyō-iri des Yokozuna.

GLOSSAR

Tate-gyōji: Die beiden höchsten Schiedsrichter.

Tegata: Handabdruck eines Sumōtori. Ein beliebtes Souvenir für Sumō-Fans.

Tegatana: Ein Ritual, das der Sieger eines Kampfes praktiziert, wenn er ein Preisgeld vom Schiedsrichter überreicht bekommt. Der Rikishi geht in Hockstellung und »schneidet« mit der Hand gleichsam wie mit einem Schwert symbolisch nach rechts, links und durch die Mitte. Die Gebärde gleicht einer Art des Segnens und dient der Dankbarkeit an die Götter.

Tennō-shihai: Kaiserpokal.

Teppō: Spezielle Übung beim Sumō-Training. Sie besteht in kräftigem Schlagen oder Drücken der Hände gegen einen Holzpfahl (teppō-bashira).

Tokoyama: Sumō-Friseur.

Toshiyori-kabu: Bezeichnung für die 105 historischen Oyakata-Titel (auch myōseki genannt), die von der Sumō-Kyōkai verliehen werden (siehe Oyakata!).

Tsukebito: Gehilfen. Rangtiefere Rikishi stehen ranghöheren Stallmitgliedern zu sämtlichen Diensten zur Verfügung, helfen beim Ankleiden und Waschen usw.

Tsuki: Stoßtechniken.

Tsuna: Weißes Hanfseil, das der Yokozuna beim Dohyō-iri trägt.

Tsuna-uchi-shiki: Zeremonie, in der das weiße Hanfseil des Yokozuna gefertigt wird.

Tsuriyane: Dach über dem Dohyō. Es sieht dem Dach eines Shintō-Schreins ähnlich. Während es in der Kokugikan in Tōkyō permanent hängen bleibt, wird es in Ōsaka, Nagoya und Fukuoka zu jedem Turnier neu aufgehängt. Diese »mobilen« Dächer gehen auch bei Tourneen mit auf die Reise.

Yagura: Turm vor der Sumō-Halle, von dem aus ein Yobidashi (Ausrufer) mit Trommelwirbeln den Anfang und das Ende eines Turniertages ankündigt.

Yobidashi: Ausrufer, der u.a. die Namen der Rikishi während des Turniers bekanntgibt.

Yokozuna: Höchster Rang im Sumō. Ein Yokozuna kann als einziger nicht wieder herabgestuft werden. Seit dem 15. Jahrhundert erreichten bisher 67 Rikishi diese hohe Auszeichnung, zuletzt im Juli 1999 der Hawaiianer Musashimaru. Neben überdurchschnittlichen kämpferischen Leistungen und mindestens zwei aufeinanderfolgenden Turniersiegen ist das persönliche Auftreten, ein vorbildlicher Charakter sowie eine Geisteshaltung im Sinne der Sumō-Kyōkai von größter Bedeutung für die Beförderung eines Ōzeki in den Rang des Yokozuna.

Yumitori-shiki: Bogentanz. Er findet am Ende eines jeden Turniertages statt.

Yūshō: Turniersieg.

Zenshō yūshō: Turniersieg ohne verlorene Kämpfe (15:0 Ergebnis).

Weitere Infos über Sumo in Japan:

JAPAN-MAGAZIN

Die einzige deutschsprachige Monatszeitschrift über Japan

Jeweils ca. 40 Seiten, 21 x 28 cm, reich bebildert, mit faszinierenden Farbfotos. Erscheint bereits seit 1990.

Regelmäßige Berichterstattung über den Sumo-Sport in Japan, u. a. mit Berichten und Ergebnissen von allen sechs Profi-Turnieren des Jahres.

Erhältlich im Bahnhofsbuchhandel oder direkt bei:

VERLAG DIETER BORN
Postfach 18 02 30 • D-53032 Bonn
Tel: (0228) 55925-0 • Fax: 55925-55
http://www.japan-magazin.de